新版

なぜ『日本書紀』は古代史を偽装したのか

関 裕二
Yuji Seki

JIPPI Compact

実業之日本社

❖——はじめに

毎朝、テレビのニュースを観て新聞に目を通していれば、世の中で何が起きているのか、おおよその見当はつく。

だが、「その裏側で何が起きているのか」、あるいは「紛争の真相はどこにあるのか」、「政府の矛盾《むじゅん》した答弁には、何か理由があるのではないか」といった疑問を持ち始めると、どの情報を信じていいのか、われわれは大いに悩むのである。

いま世界で何が起きているのか、誰が世界を動かしているのか、実際には、われわれは何も知らないで生きているといったほうが正確なのではあるまいか。

では、われわれは、「いま」を知ることはできないのであろうか。また、人間の営《いとな》みの本質を知る手がかりは、どこにあるというのだろうか。

ここに「歴史」を学ぶことの意味が隠されている。人間は、「いま何が起きているのか」を未来になれば知ることができる。しかしそれでは遅い。ではどうすればよいか。過去を検証することで、人間社会の本質を知ることができるのである。

たとえば、かつて「明治維新」といえば、旧態依然《きゅうたいいぜん》とした徳川幕府を倒した革命的な事件として礼賛され続けた。これは当然のことで、明治維新によって作られた体制が、ほぼ今日《こんにち》まで続いていたのであって、「勝てば官軍」そのままに、維新政府の行動はすべて美化され、それが「歴史」となって教え込まれてきた。維新政府の「正義」は「幻想」であり、われわれを呪縛《じゅばく》してきたといえよう。

その結果、彼らの行動の正当性が疑われることはなかったのである。

しかし、倒幕派の動きのすべてが正しかったわけではない。このことに、いまわれわれはようやく気づきつつあるのではないだろうか。

たとえば、徳川慶喜《よしのぶ》が大政奉還《たいせいほうかん》を果たし、政権を投げ出しても、なお武力討伐にこだわった薩長《さっちょう》の手口は、「日本のため」という大義名分のもとに、「薩長中心の政権をうち立てたい」というエゴを貫く行為であった。

また、坂本龍馬《さかもとりょうま》暗殺の下手人《げしゅにん》がはっきりわからなかったことも、薩長の陰謀を感じさせるに十分だ。

大政奉還を提案したのは坂本龍馬であり、徳川慶喜はこの妙案に、すぐに飛びついた。この時点で徳川幕府に坂本龍馬を殺す「動機」はなくなり、むしろ龍馬が邪魔になったのは、「あくまで武力討伐」と主張していた薩長にほかならなかった。そして事実、坂本龍馬暗殺後、薩長は白旗を挙げていた幕府を挑発し、武力討伐を果たしてしまうわけである。

龍馬が死んで得をしたのは薩長であり、薩長が龍馬を殺し、だからこそ長い間、下手人が判然としなかったということになる。つまり、新政府が真相を闇に葬《ほうむ》った、ということでしかないだろう。

このように、「いま世界で何が起きているのか」を検証するには、真相を握っている「権力」が衰弱するまで、時間がかかるのが当然なのである。

つまり、「真実」は「歴史」になって初めて明かされるものなのだとあきらめるほかはない。

ところが、いまだに明かされることのない歴史が、日本の古代に埋《う》もれている。それが、今回お話しする『日本書紀《にほんしょき》』の世界なのである。

奈良の平城京《へいじょうきょう》への遷都《せんと》の十年後の西暦七二〇年、ヤマト朝廷は現存する最古の正史を編纂《へんさん》した。これが『日本書紀』で、この歴史書は神話の時代から七世紀後半までを記している。

『日本書紀』が古代史を知るうえで、なくてはならない根本資料であることは間違いない。ところが、『日本書紀』を読んでも古代史の真相がほとんど掌握《しょうあく》できないのである。この事実を、どう考えればいいのだろうか。

少なくとも、六世紀以前の『日本書紀』の記述は信用できないとされ、弥生時代から邪馬台国《やまたいこく》、ヤマト朝廷誕生、さらには、五世紀の倭《わ》の五王《ごおう》といった中国側の史料に残されている歴史についても、『日本書紀』からは何も読み解くことはできないありさまなのである。

邪馬台国から五世紀、六世紀という日本の歴史の「土台」がまったく空白のまま、われわれは学校で歴史を教わってきたわけである。民族にとって、これほどの不幸があるだろうか。

なぜ『日本書紀』から歴史の真相を抽出することができないのだろうか。そして本当に、六世紀以前の『日本書紀』の記述は信用できないのであろうか。

本書は、『日本書紀』を新たな視点から見つめ直すことによって、謎のベールに包まれた古代史を解き明かす大きなヒントを得ようとするものだ。

有り体《あ てい》にいえば、『日本書紀』は歴史の勝者が書き残した文書であり、ここに強烈なまでの政治性が込められていたのだった。ところがこの事実が、あまりに軽視されすぎてきた。このことこそ、古代史最大のミステリーといっても過言ではなかったのである。

では、なぜ『日本書紀』は誤った読み方をされてきたのか、謎解きを進めてみることにしよう。

なお、本書は、二〇〇八年十二月に実業之日本社より刊行された『なぜ「日本書紀」は古代史を偽装したのか』を増補・改訂したものである。

新版 なぜ『日本書紀』は古代史を偽装したのか◎……目次

第二章 『日本書紀』は誰のために書かれたか……69

【第三章】『日本書紀』はヤマト建国も改竄した……119

第四章 不比等が企てた『日本書紀』のカラクリ……171

終章 『日本書紀』が破壊した日本人の信仰……229

カバーデザイン◎杉本欣右
本文デザイン・チャート作成◎笹森 識
DTP◎サッシイファム・クリエイティブ
校正◎くすのき舎
編集協力◎荻野 守（オフィスON）

序章

『日本書紀』は偽書なのか

なぜ古代史は謎めくのか

古代史は謎が多いというが、それは本当だろうか。

たとえば、警視庁《けいしちょう》の敏腕《びんわん》刑事に『日本書紀』を読んでもらえば、意外にも古代史に仕掛けられたカラクリなど、たちどころに解き明かされてしまうのではあるまいか。

古代史がなぜ謎めくのかといえば、『日本書紀』が多くの史実を抹殺してしまったからにほかなるまい。これは、『日本書紀』だけの特殊事情ではない。権力者が作る歴史書というものは、多かれ少なかれ、権力者にとって都合の悪いことは抹殺されるのが通り相場であり、権力者の正当性と正統性を証明するための文書が正史（朝廷や政府の正式見解を著した歴史書）だからである。

そして、最大のミステリーは、『日本書紀』が史実を闇に葬《ほうむ》り去ったという、素直に考えれば当たり前の事実が、これまで疎《うと》んじられてきたところにある。

すなわち、『日本書紀』編纂《へんさん》とは犯罪的な歴史改竄《かいざん》であり、権力者の手がけてきた信じがたい残虐な「悪行」が、この文書によって「善行」にすり替えられてしまった可能性すらあるわけだ。そして歴史的に「敗者」とされた者は、弁明の機会も許されず、ただ泣き寝入りせざるを得なかった可能性もある。そうであるならば、これまでの古代史研究とは、被告人の弁明も許されない、時代遅れの暗黒裁判のような様相を示していたことになる。

つまり、これまで「大悪人」と信じて疑わなかった人物が、実際には「善人」で、その「善人」を成敗《せいばい》して権力を握った「大悪人」が、自らの汚れた手を拭うために、歴史書を書かざるを得なくなったというのが、真実に近いだろう。

実際、中国における歴史書編纂はまさにこれで、どのような手口を使って王位を獲得しようとも、前王朝を倒したのは「天命」であったと「弁明」し、前王朝がどれだけ腐敗していたかを、歴史書の中で証明して見せたものである。

古代日本の歴史書に、同様な意味が隠されていたとしても、なんの不思議もない。

このような「なぜ権力者は歴史書編纂をしたがるのか」という基本的な「要点」を押さえておけば、「神話の世界は荒唐無稽《こうとうむけい》なお伽話《とぎばなし》だ」などといって高をくくり、「現実味のない説話」と鼻で笑っている場合ではなくなるのである。

では、『日本書紀』をどのように読み返せば、古代史は再現できるというのであろうか。

『日本書紀』を手がかりにした古代史の謎解きに挑んでみることにしよう。

これは意外な話かもしれないが、日本の政治制度は、『日本書紀』が編纂された時代から明治維新にいたるまで、基本的には律令《りつりょう》制度という同一の体制の下にあった。

つまり、天皇家の権威を盾に、藤原氏といった名門貴族が朝堂を牛耳《ぎゅうじ》り、藤原の作り上げた法制度に則り、下々の者に官位《かんい》と褒賞《ほうしょう》を与える、というのが律令体制の本質といっていい。

繰り返すが、この律令体制は、形の上とはいえ、確かに江戸末期まで継続している。

たとえば、江戸時代の徳川家は「将軍」として知られるが、正式名称は「征夷大将軍《せいいたいしょうぐん》」であり、「夷狄《いてき》（具体的には東北の蝦夷《えみし》）」を成敗するために朝廷が任命した大将軍というのが、建前上の地位だ。そしてもちろん、これは律令制度の官位制そのものだった。

ちなみに、豊臣秀吉《とよとみひでよし》は家柄の関係で征夷大将軍にはなれず、苦肉の策として没落していた「藤原」にすり寄り、藤原氏にのみ与えられていた「関白《かんぱく》」の地位を手に入れている。

さらに余談ながら、朝堂にしめる順位からいえば、征夷大将軍よりも関白のほうが、数段上であり、月とすっぽんほどの差がある。

また、昨今の各種の勲章で「勲一等」とか「勲二等」という序列があったが、これがまさに、律

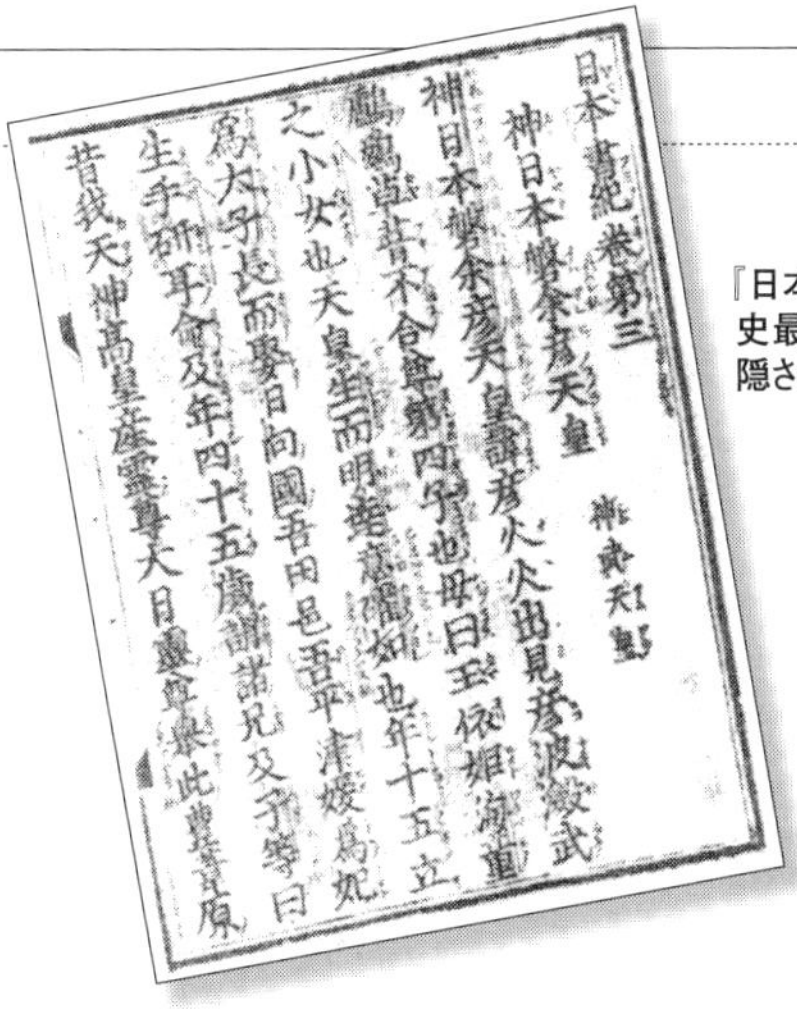

日本書紀 巻第三
神日本磐余彦天皇　神武天皇
神日本磐余彦天皇諱彦火火出見彦波瀲武
鸕鷀草葺不合尊第四子也母曰玉依姫海童
之少女也天皇生而明達意確如也年十五立
為太子長而娶日向國吾田邑吾平津媛為妃
生手研耳命及年四十五歳謂諸兄及子等曰
昔我天神高皇産靈尊大日靈尊挙此豊葦原

『日本書紀』には古代史最大のミステリーが隠されている

令制度の名残なのである。

　また、街角の稲荷《いなり》神社や八幡《はちまん》神社の石標に「正一位」と刻まれているのを見かけるが、これも律令制度下の神社の格付けにほかならない。

　平安時代以降、武士の台頭によって天皇家とそれをとりまく貴族社会が没落したとはいっても、天皇の権威が埋没したわけではなく、天皇というシステムを有効に作用させるための法制度である「律令」は、原則として持続されてきた。また、天皇を宿主にして濃厚な「血」を送り込んできた「藤原」という寄生虫は、しぶとく近世、近代、現代にまで生き残っていたわけである。

　極論すれば（のちに詳述もするが）、「天皇＋藤原（貴族）」という図式を正当化するための法制度が「律令」とすれば、これを証明し、権威づけするための歴史書が『日本書紀』なのであった。そうであるならば、「律令」が威力を発揮した時代、この文書の中身を詮索《せんさく》し、あるいはこの歴史書を疑い、否定してしまおうなどという発想をもつ者は、よほどの覚悟を決めてかからなければならなかったに違いないのだ。

また、朝廷を圧倒するだけの武力を勝ち取った武士集団だったが、結局は天皇のお墨付きをもらい、征夷大将軍になることが夢であった。したがって武家にしても、『日本書紀』を抹殺してしまおうという発想は起こらなかったのだろう。彼らが拠《よ》り所とした「天皇＋藤原（貴族）」という「律令体制」そのものを否定することにつながったからである。

そして明治維新も、薩長連合が京都の朝廷を持ち上げることによって成立し、天皇を神聖視し新たな国家の柱と位置づけた（いわゆる皇国史観《こうこくしかん》）のだから、その後の古代史研究には、大きな制約が設けられてしまったわけである。

皇国史観に反発した津田左右吉の功罪

ところで、戦前の偏《かたよ》った皇国史観に反発した史学者が、たった一人だけいる。それが津田左右吉《つだそうきち》（歴史学者・元早稲田大学教授）であった。

大正十三年（一九二四）に発表された『神代史の研究』（岩波書店）の中で、津田左右吉は天皇家の権威の源泉である「神話」は、天皇家の日本支配の正当性を裏づけるために創作されたものに過ぎないと唱えたのだった。

また、初代神武《じんむ》天皇から第十四代仲哀《ちゅうあい》天皇までの間の歴代天皇の実在が怪しいとも指摘している。もちろん、国粋主義者は猛反発し、津田に「悪魔的虚無主義」というレッテルを貼り、昭和十五年（一九四〇）、津田の書物は発禁処分を受け、裁判になり有罪判決を受けるにいたる。

右傾化しつつあった世情の中で、天皇家の問題を扱ったこと自体、津田左右吉の勇気は称《たた》えられるべきであろう。そして当然戦後になると、戦前の言論統制への反動が大きく作用し、津田左右吉の発想は、史学界を席巻《せっけん》した。唯物史観《ゆいぶつしかん》を中心とする必要以上の合理的な解釈が、史学界でも支持されるようになったわけだ。だがこれも、行き過ぎのきらいがあった。

過去の日本はすべて野蛮という発想もあって、『日本書紀』や『古事記《こじき》』に記されたあやふやで神秘的な記述の多くは、「創作」、「物語」、「お伽話」、そして「迷信」として、切り捨てられていったのである。

もし仮に、「神話の中にも、わずかながら歴史的事実が隠されているのではないか」と不用意に切り出せば、「偏向」のレッテルを貼られるか、「金儲け主義」ぐらいの皮肉はいわれかねない雰囲気があったように思う（いまもあまり変わらないかもしれないが）。

このような古代史に対する視点は、『日本書紀』を観る目を曇らせたとはいえないだろうか。たとえば、日本には長い間、文字（漢字）がなかったのだから、正確な歴史が残っていたはずもなかった、という「動かしがたい常識」が史学界にある。このように考えられるようになったのはやはり、津田左右吉の影響であった。

津田左右吉は『日本古典の研究 上』（岩波書店）の中で、日本に文字のなかった時代、歴史はただし、「口碑《こうひ》」によって伝えられていた可能性があることを指摘している。

「文化の程度の低い時代」だったから、その内容は実に「不精確《ママ》」で、「古くなるほど朧《おぼろ》げ」であり、伝承が変化していった可能性がある、としている。

さらに、「歴史を書き残そう」という意思が芽生えたのは、社会組織が強固なものになってからだとする。つまり、文化の程度が高まった時点で、ようやく祖先の事蹟を記録しようと、歴史書が完成したのだから、「それ以前の歴史は不明」と切り捨ててしまったのである。

なるほど、確かに『日本書紀』の編纂は、明文法《めいぶんほう》をもった中央集権国家がようやく完成しようとしていたときだった。したがって、社会制度の充実と歴史書編纂事業が並行して行なわれたと考えるのは当然である。

津田左右吉の述べる通り、歴史書編纂という行為は、高度な文化がなければ成立しないことだろう。だが問題は、その動機と目的にある。

「語部」は敗れ去った者たちの声を伝えようとした

ここで発想を逆転してみよう。

問題は、歴史を後世に残したいという動機が、単に文字を自由に駆使することが可能になったから起こったものなのか、ということである。

ここであえて、津田史学によって「野蛮」と否定された「語部《かたりべ》」の意味を問い直してみたいのである。

太古のヤマト朝廷には、語部という特殊技能を持った部民《べみん》が存在した。大嘗祭《だいじょうさい》に際し、美濃《みの》、但馬《たじま》、出雲《いずも》、因幡《いなば》、丹波《たんば》、丹後《たんご》、淡路《あわじ》から二十八人の語部が召集され、古詞《こし》を奏していたという。

『古事記』や『日本書紀』の種本《たねぼん》となった「帝紀《ていき》」や「旧辞《きゅうじ》」はもともと、語部が語り継いできたもので、文字で記した文書ではなかったという考えがあった（山田孝雄《やまだたかお》『古事記概説』中央公論社）。だから『古事記』も、それら語部たちの口碑伝承を文字に直したのではないか、とする仮説があった。

確かに、『古事記』の序文で、稗田阿礼《ひえだのあれ》は、文章を一目見ただけで声を出して節を付けて読み上げ、また、一度言葉を聞いただけで、記憶して忘れないと記されてある。稗田阿礼の特性は、まさに語部のそれに通じている。

また天武《てんむ》天皇は、稗田阿礼に「帝紀」、「旧辞」を「誦《よ》み習《なら》はしめたまひき」とあって、このことから、稗田阿礼が「帝紀」と「旧辞」を暗誦《あんしょう》したのではないかという印象を受ける。

だが近年では、このような説には疑問も投げかけられている。

たとえば「誦み習はしめたまひき」の「誦習《しょうしゅう》」は、「暗誦」とは異なり、文書の読み方を練習し、習熟するための行為であったと考えられるようになっている。

また、のちに詳述するように、『日本書紀』や『古事記』は、「帝紀」と「旧辞」という「文書」を参考に編纂された可能性が高く、しかも、『古事記』序文をよく読むと、それまでに伝わってい た古い文字が読みにくいから新しい歴史書を書き直す、という文面もある。したがって、『日本書紀』や『古事記』は語部の口碑伝承を文字にしたものではなかったことがわかる。

ただし、文字のない時代に語部のような人びとが活躍していたことは間違いないし、『日本書紀』や『古事記』の編纂された時代にいたっても、語部が「古態」を残す朝廷の祭祀にかかわっていたことは確かであろう。

文字で歴史を綴《つづ》る力をつけたのちも語部という存在が残されたことは、実に多くの暗示をわれわれに与えてくれる。

問題は、文字を使った歴史書が登場したあとの「語部」には、政治的なもう一つの重要な意味が重なっていったと思われることだ。それは何かといえば、「バックアップ(保存)」機能ではなかったか。

さて、歴史書の宿命は、新たな権力が誕生したとき、焚書《ふんしょ》の憂《う》き目《め》に遭い、葬り去られる可能性

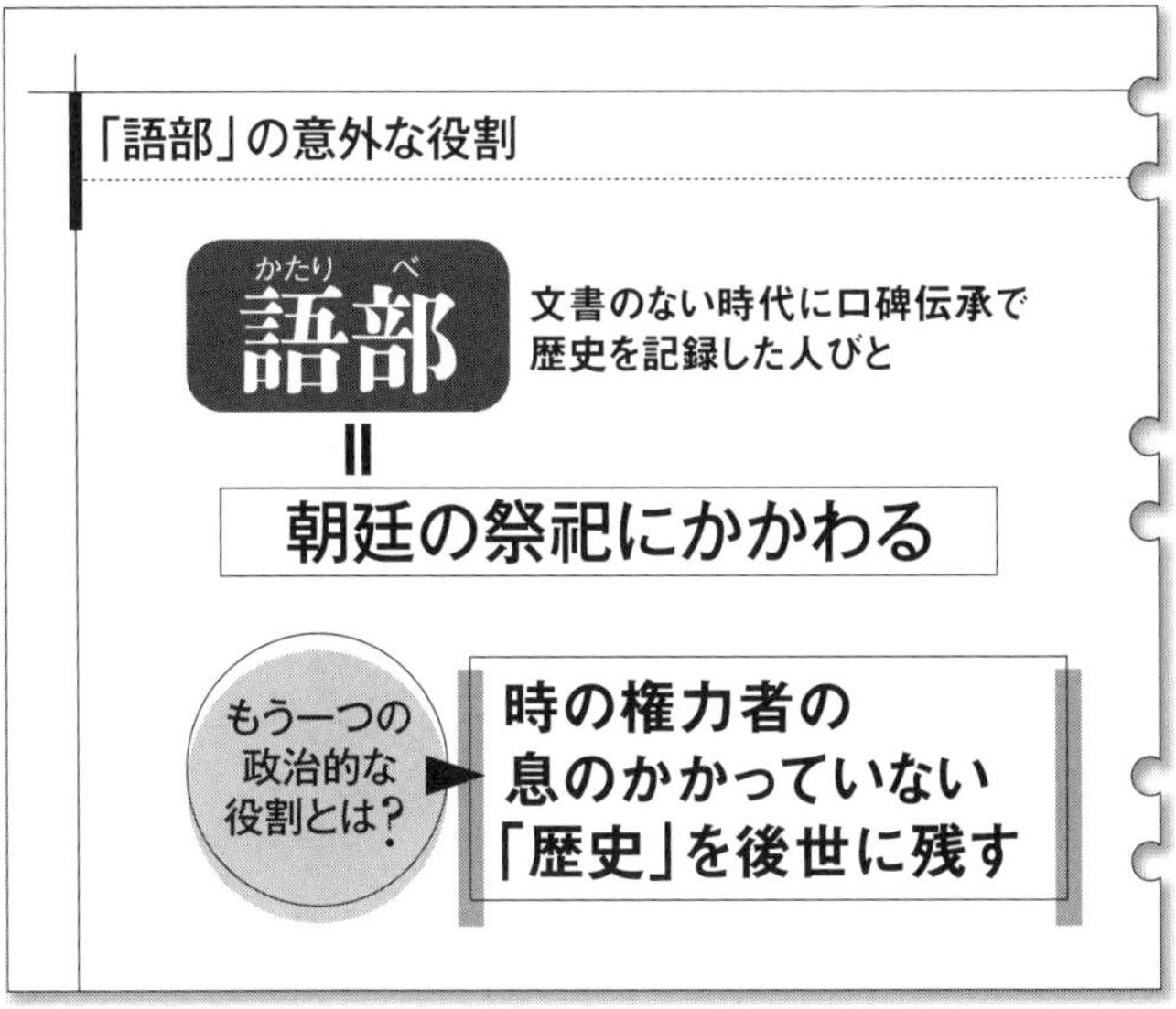
「語部」の意外な役割
語部《かたりべ》
文書のない時代に口碑伝承で
歴史を記録した人びと
＝
朝廷の祭祀にかかわる
もう一つの
政治的な
役割とは？
時の権力者の
息のかかっていない
「歴史」を後世に残す

があるということだ。もちろん、新たな権力者は、それ以前の権力者を悪《あ》し様に罵《ののし》る必要があるため、彼らの正義を否定してかかったのだ。つまり、前の権力者の正義を記した歴史書を残しておくわけにはいかなかった。

ひとたび政権が滅亡すると、それまでの歴史書は没収されたに違いない。したがって敗《やぶ》れ去った者たちは、「紙」という「形」を持った歴史書だけではなく、「声」という形のない歴史物語を用意し、「バックアップ」し、どのようなことが起きようとも、後世に「真実」を伝えようとしていたのではなかったか。つまり、形があれば消え去る危険性があったからである。

また、敗者が無念の気持ちを、暗号めかして「紙」に記し、密かに隠し持ったという事態も想定可能である。たとえば、物部《もののべ》氏の伝承とされる「先代旧事本紀《せんだいくじほんぎ》」は、『日本書紀』の記述に似ているようでいて、ポイントポイントで内容が異なるという興味深い歴史書であり、これが、八世紀に没落した物部氏の、執念の訴えだった可能性も捨てきれないのである。

歴史編纂事業という犯罪的行為

もちろんこれは、筆者の勝手な想像に過ぎない。しかし、神話のふるさと出雲には、いまだに大国主神《おおくにぬしのかみ》の末裔《まつえい》と称する人びとが実在する。しかも彼らは「語部」を自称し、ヤマト朝廷によって抹殺されてしまった出雲の本当の歴史を、執念をもっていまに語り継いでいるという。伝えられるのは親から子であり、決して話の中身を口外してはならないのだという。

つまり、何がいいたいかというと、文字で残された歴史は、「勝者の正当性証明」であり、かたや言葉で残された歴史は、「敗者の訴え」であった可能性が出てくることである。そうであるならば、口碑伝承だからといって、何もかもが怪しいと切り捨ててしまうことは、せっかくの貴重な証言を無駄にしてしまうことになりかねない。

また、蛇足ながら付け加えると、『古事記』序文が稗田阿礼という「語部」のような人物の関与を経て編纂されたとその序文で述べているのは、一つの暗示ではなかろうか。すなわち、「帝紀」、

「旧辞」という「元になる本」があった時代に「語部」がかかわったという記述そのものが、『古事記』の性格をいまに伝えているように思えてならない。つまり、『古事記』は、『日本書紀』とはまったく別の経過をたどって記された歴史書であった疑いをいだかせる。『古事記』とは、敗者側の文書であり、だからこそ江戸時代にいたるまで、ほとんど無視されてきたのではなかったか。

もっとも、今回は『日本書紀』の話だから、『古事記』がいかなる文書であったのかについては深入りしない。

それはともかく、歴史を解き明かすには「歴史を残すことの意味と本質」を理解しておく必要があることを再確認しておきたいのである。

勝者が歴史を残すのは、権力を争奪するまでの行為の正当化であった。逆に、敗者が残す歴史は、勝者の湮滅《いんめつ》してしまったであろう真相を、必死に後世に残そうとする行為であり、多くの場合、口碑伝承として残されたのだろう。また、文字にして残された敗者の歴史書は、時として、権力者の探索網にひっかかり、没収されていたこともあったに違いない。

このように、「歴史」とは、単に文化が高まったから作られたというものではない。人と人との関係が政治的となり、人を憎み恨む心が芽生えたところに、歴史は生まれるのである。「歴史時代の到来」といえば、いかにも人間の進歩の足跡を証明しているかのような響きがあるが、実際には、人間の営みが犯罪的でどす黒い政治性を身につけた、ということでしかないのではあるまいか。

そしてだからこそ、「歴史書」の成立を単に人間社会の進歩によるもの、という単純な決めつけに、疑念をいだかざるを得ないのである。

この点、津田左右吉の『日本書紀』の読み方は、根本から間違っているのではあるまいか。『日本書紀』は八世紀の権力者が必要としたものであり、極めて高い政治性を帯《お》びていたはずなのである。

本書の冒頭で、『日本書紀』を敏腕刑事に見せれば、古代史の謎がなくなるといったのは、まさに歴史編纂事業というものが政治性を帯び、その政治性とは、真実の歴史を隠匿するという犯罪行為を含んでいたからである。

権力者が頂点にのぼりつめるまでに犯してきた悪徳行為も、歴史書（正史）の編纂によって清算されてしまった可能性が高い。正史だからといって、その内容を闇雲に信用していては、わかる歴史もわからなくなってしまうのは、自明の理であり、また古い時代の記述があいまいであったとしても、それを安易に切り捨てることの愚に、われわれはようやく気づきつつある。

犯罪者による犯罪隠しのトリックが正史だったといっても過言ではないのであれば、精密に仕掛けられたカラクリの一つひとつを、刑事や探偵のように、解きほぐしていく作業が必要となるだろう。

そしてだからこそ、『日本書紀』は一度はまるとおもしろくてたまらなくなるのである。

そんな『日本書紀』の魅力と謎を探していくことにしよう。

第一章

正史『日本書紀』にあるこれだけの謎

古代史にまつわる一つの諦念

あらためて述べるまでもなく、古代史には謎が多い。

そして古代史最大の難題は、誰もが、

「古代史に謎が多いのは当たり前」

という一種の諦念《ていねん》をもってしまっていることではないだろうか。

理由は簡単なことで、時代が古ければ古いほど伝承は曖昧《あいまい》になり、不確かなものになるという常識が横たわっているからにほかなるまい。

ましてや、文字を使った歴史書は、『日本書紀《にほんしょき》』や『古事記《こじき》』以前には、六世紀に存在していたに過ぎないと考えられているし（このあたりの事情はあとで詳述する）、文字の本格的な使用もそれほど遡《さかのぼ》れないとなると、弥生《やよい》時代からヤマト建国、さらには四世紀、五世紀、六世紀の日本の歴史が漠然としか把握できないのは、「むしろ当然」という通念すら漂《ただよ》っているのである。

つまり、「八世紀に編纂された『日本書紀』を読んでも、古代史の真相を解明することはできない」と、史学者自身が匙《さじ》を投げてしまったようなところがある。

そのもっともわかりやすい例は、邪馬台国《やまたいこく》論争だろう。この迷宮入りしてしまった古代史の謎で議論の中心にあるのは、つねに『魏志《ぎし》』倭人伝《わじんでん》（『三国志《さんごくし》』魏書東夷伝《ぎしょとういでん》の一部）という中国側の史料であって、『日本書紀』は完璧に無視されている。

ご存知の方も多いと思うが、『日本書紀』にも邪馬台国にまつわる記事は載っているにもかかわらず、邪馬台国論争で『日本書紀』は蚊帳《かや》の外なのである。

もっとも、神功皇后摂政紀《じんぐうこうごうせっしょうき》（紀は『日本書紀』）の邪馬台国記事は、「『魏志』倭人伝には次のような記述がある」という引用記事なのだから、それほどの大きな意味はないと思われるかもしれない。

通説も、『日本書紀』が『魏志』倭人伝を引用しているからといって、『日本書紀』から邪馬台国が解明できるはずがないと、高をくくっている。

だが、邪馬台国を解き明かす最大のヒントを、われわれは見逃してきたのではあるまいか。『日本書紀』の編者が古い歴史に精通していなかったという「思い込み」が、思考の邪魔をしてきたとはいえないだろうか。

古い時代のことは、わからないのが当然という常識は、一度捨ててかからねばなるまい。

年代設定に矛盾がある『日本書紀』

通説が『日本書紀』の邪馬台国記事を無視する理由は、いくつもある。

もっとも重要なポイントは、神功皇后と邪馬台国とでは時代にずれがある、という指摘である。なぜこのようなことになってしまうのか、まずは神功皇后摂政紀に残された邪馬台国記事を拾ってみよう。

神功皇后摂政三十九年の是年《ことし》の条には、次のようにある。

魏志《ぎし》に云《い》はく、明帝《めいてい》の景初《けいしょ》の三年の六月、倭《わ》の女王《ぢょわう》、大夫《たいふ》難升米《なしめ》等を遣《つかは》して、郡《こほり》に詣《いた》りて、天子に詣《いた》らむことを求《もと》めて朝献《てうけん》す。太守《たいしゅ》鄧夏《とうか》、吏《り》を遣《つかは》して将《ゐ》て送《おく》りて、京都《けいと》に詣《いた》らしむ

これを現代文に訳すと次のようになる。

『魏志』倭人伝には、この年のこととして、次のような記載がある。景初三年（二三九）に倭の女王が難升米なるものを遣わして郡（帯方郡《たいほうぐん》。魏の朝鮮半島支配の拠点）にいたり、魏の天子に朝献することを申し出た。そこで太守鄧夏は、難升米に役人を副《そ》えて、都に送り届けた、というのである。また、翌年には、魏の役人が、詔書《しょうしょ》や印綬《いんじゅ》を携《たずさ》えて倭国に渡ったとあり、ほぼ『魏志』倭人伝の内容をなぞっていることがわかる。

この記述に従えば、『日本書紀』は、女傑《じょけつ》神功皇后が邪馬台国のヒミコであったと証言していることになる。しかも、歴年代が確かな中国側の史料の引用だから、この記事は神功皇后の時代を特

『日本書紀』における矛盾

邪馬台国と神功皇后に関する記述の矛盾

◉『魏志』倭人伝からの引用として……

神功皇后摂政39年
倭の女王が魏に使いを送る

↓

神功皇后＝卑弥呼　ということになる

＊卑弥呼は2世紀から3世紀の人

But

◉『三国史記』には……

近肖古王の話が登場し、
西暦375年に亡くなった
とされている

↓　＊近肖古王は4世紀の人

神功皇后の時代を特定

干支二運（120年）の時差

and

ハツクニシラス天皇（初めて天下を治めた天皇）として、初代神武天皇と**第10代崇神天皇**が登場

↓

3世紀から4世紀にかけての存在

神功皇后は第14代仲哀天皇の后《きさき》なので、邪馬台国の時代ではない

定する大きな基準になる可能性を秘めている。

ところが、ここから話がややこしくなる。というのも、『日本書紀』にはもう一つ、神功皇后の時代の年代を特定する記事が残されているからだ。それが、百済《くだら》の肖古王《しょうこおう》の話で、神功皇后摂政四十六年に登場し、さらに五十五年には死亡記事が載る。

問題は、『三国史記《さんごくしき》』（朝鮮の古代三国〔新羅《しらぎ》・高句麗《こうくり》・百済〕に関する紀伝体の歴史書）の中に肖古王の名にそっくりな近肖古王《きんしょうこおう》がいることで、しかも彼は西暦三七五年に亡くなっていたというのである。邪馬台国のヒミコが二世紀末から三世紀半ばの人。かたや近肖古王は四世紀の人で、二人の間に接点はない。それにもかかわらず、『日本書紀』は時代の差に無頓着で、二人を並べて見せているのである。しかも、その「時差」は、干支二運《かんしにうん》（十干と十二支の組み合わせで一巡が六十年。それが二回めぐったということ）、ちょうど百二十年というから、これは『日本書紀』の意図的な記述であり、時代の異なる神功皇后と邪馬台国の記事を、矛盾が生まれるのを承知のうえで並記してしまったということになる。

さらに、このことはのちに再び触れるが、『日本書紀』には、二人の初代王の記述がある。初代神武《じんむ》天皇と第十代崇神《すじん》天皇の双方に、「ハツクニシラス天皇《すめらみこと》（初めて天下を治めた天皇）」の称号が与えられているのだ。なぜ一つの王朝に二人のハツクニシラス天皇が登場したのかといえば、実在の崇神天皇をモデルに、神武天皇という「神聖な王」を創作したのだろうとされている。そして問題は、第十代の崇神天皇が実在のヤマトの初代王であった可能性が高く、彼の在位はおそらく三世紀末から四世紀にかけての時期に当たっていたと考えられることだ。となると、第十四代仲哀天皇とその后である神功皇后が、第十代崇神天皇よりも前の邪馬台国の時代（二世紀後半から三世紀）に生きていたはずがないことになる。結局、どう考えても、神功皇后が邪馬台国の時代の人であった蓋然性《がいぜんせい》は、『日本書紀』の記述からは見いだせなくなってしまうのである。

ではなぜ、『日本書紀』は、このような無理な記述をしたのだろうか。『日本書紀』の編者が確かな邪馬台国にまつわる資料を持ち合わせていなかったがために、やむを得ず『魏志』倭人伝に登場するヒミコを神功皇后に仮託したということになる。

神功皇后と邪馬台国の関係

これまで述べてきたように、神功皇后摂政紀の邪馬台国記事は信用できないというのが、通説の常識となっている。しかも、神功皇后の存在自体が架空とする考えが主流になっているから、神功皇后にまつわる説話はいっそう軽く扱われることとなった。

それにしても、『日本書紀』が「確かにそこにいた」と記している人物が、なぜ「架空」と決めつけられてしまったのだろうか。

通説は、「神功皇后は後世の女帝をモデルに創作された偶像」と決めつけるが、筆者は神功皇后を実在の人物と考えていて、しかもこの女人《にょにん》こそが、『日本書紀』や古代史を考えるうえで鍵を握る人物とみている。そこで、そもそも『日本書紀』は神功皇后をどのように描いているのかというところから、話を進めてみよう。

神功皇后は第九代開化《かいか》天皇の曾孫・気長宿禰王《おきながのすくねのおおきみ》の娘で、母は葛城高額媛《かつらぎたかぬかのひめ》であったという。ちなみに母方の祖は新羅《しらぎ》王子・天日槍《あめのひぼこ》である。

神功皇后は第十四代仲哀天皇の正妃《せいひ》で、その仲哀天皇とはかの日本武尊《やまとたけるのみこと》（倭建命）の子どもで、神功皇后と結ばれる以前に大中姫《おおなかつひめ》との間に麛坂王《かごさかのみこ》と忍熊王《おしくまのみこ》をもうけていた。

仲哀天皇二年三月、九州南部の熊襲《くまそ》が背《そむ》いたということで、紀伊《きい》に巡行していた仲哀天皇は穴門《あなと》（山口県）に向かう。そしてこのとき北陸の角鹿《つぬが》（福井県敦賀《つるが》市）の行宮《あんぐう》（笥飯宮《けひのみや》）に滞在していた神功皇后を呼び寄せ、穴門豊浦宮《あなとのとゆらのみや》（山口県下関市）を建てたという。

穴門で合流した二人は、ここから北部九州を制圧していく。まず玄界灘《げんかいなだ》に面した沿岸部の首長層がいち早く恭順の意を示してくると、儺県《なのあがた》（福岡県福岡市。『魏志』倭人伝にいう「奴国《なこく》」）の橿日《かしひの》宮《みや》に陣を敷いた。

ところが、ここでトラブルが起きる。

神功皇后に神託《しんたく》が降り、

「熊襲などにかまっていないで、海の向こうの宝の国、新羅を討て」というのだ。しかし、仲哀天皇は「そんな国はどこにもない」といい放ち、神託を無視して熊襲征討《せいとう》に邁進《まいしん》してしまう。

結局、仲哀天皇は熊襲を成敗することができず退却し、急死してしまった。仲哀九年の春二月五日のことだ。『日本書紀』は仲哀天皇の死因を明記している。

即《すなは》ち知《し》りぬ、神《かみ》の言《みこと》を用《もち》ゐたまはずして、早《はや》く崩《かみあが》りましぬることを

つまり、神託を信じなかったから罰が当たった、というのである。

そこで神功皇后は、北部九州一帯を支配下に組み込んだ後、一気に船団を組んで新羅を攻め落としてしまった。

九州に凱旋《がいせん》し応神《おうじん》を産み落とすが、このときヤマトでは、二人の皇子・麛坂王と忍熊王が、皇位継承権を主張して待ちかまえていた。

神功皇后は、武内宿禰《たけのうちのすくね》を応神に付き従わせて、瀬戸内海を東に向かい、計略を用いて「賊」を討ち取ったのである。

こうして神功皇后は摂政となって六十九年間ヤマトに君臨し、その後息子の応神が即位すること

になる。

これがおおまかな神功皇后の生涯である。

日本武尊から仲哀天皇、そして神功皇后へと続く『日本書紀』の記述は、あまりにも荒唐無稽《こうとうむけい》な「物語」で満ちあふれている。したがって、神功皇后が実在したとは一般には考えられていない。

たとえば神功皇后は、角鹿から穴門に向かったとき、海中で如意《にょい》の珠《たま》を手に入れるが、これは潮の満ち引きを自在に操ることのできる、海の神のもたらす神宝《しんぽう》という設定だ。のちに神功皇后が船団を進めると、その勢いで新羅が水浸しになってしまったとあるのも、海神《わたつみ》の加勢を得たからで、その象徴が「如意珠」なのである。

また、神功皇后が新羅を征討したとき、すでに産み月にあたっていたが、腰に石を挟んで出産を遅らせたという。

神功皇后に降りた神託といい、如意珠といい、また応神天皇の異常な出生など、神功皇后にまつわる話は、どうにも神話じみている。だから当然のことながら、多くの学者が「これは歴史ではない」と烙印《らくいん》を押してしまったわけである。

たとえば直木孝次郎《なおきこうじろう》氏は、神功皇后の名「オキナガタラシ」に注目している。「タラシ」は当時のものではなく、六世紀以降に成立したものと指摘し、神功皇后は実在の人物ではなかったとする。その一方で、七世紀に出現した複数の女帝をモデルにして創作されたのではないか、と推理した。

たとえば、飛鳥時代の推古女帝の側近は蘇我馬子《そがのうまこ》だが、このコンビは神功皇后と蘇我氏の祖とされる武内宿禰との組み合わせとダブってくる。

さらに、斉明《さいめい》女帝は、自ら百済遠征の軍勢を率い九州筑紫《つくし》の朝倉橘広庭宮《あさくらのたちばなのひろにわのみや》に赴《おもむ》いたが、この出兵こそ、神功皇后の九州遠征や新羅征討のモチーフになったのだろうということになった。

結局、日本側の邪馬台国をめぐる唯一の資料である『日本書紀』の神功皇后の記事は、まったくあてにならないというお墨付きを、史学界からもらってしまったわけである。

そしてもちろん、百年以上続いた邪馬台国論争の中で、神功皇后の名は、ほとんど挙がらなかったのである。

また、神功皇后のような例がいくつもあったから、『日本書紀』の古い部分の記述に対し、「信憑性がない」という発想が定着していったわけである。

本当に『日本書紀』は邪馬台国を知らなかったのか

だが、ここに一つの疑問が浮上する。『日本書紀』を編纂《へんさん》した八世紀の朝廷は、本当に邪馬台国の時代に暗かったのだろうか、ということなのである。

実際にはそうではなく、よく知っていたからこそ、「知らぬ存ぜぬ」を貫き通したのではないか。

そうであれば、しらを切ったことを疑ってみたほうがいいのではあるまいか。

というのも、神功皇后はどういう理由からか、『日本書紀』以外の各地の伝承のいたるところで「トヨ」と名の付く女神と強い接点を持っていて、しかもこの「トヨ」が邪馬台国とつながってくるからである。

たとえば、北部九州を代表する海の神を祀《まつ》る宗像大社《むなかたたいしゃ》の伝承では、神功皇后の妹が豊姫《とよひめ》だったといい、また、北部九州の各地には濃厚な神功皇后伝承が残されるが、これに重なるように「豊比咩《とよひめ》」が祀られている。さらに、福岡県田川《たがわ》郡香春《かわら》町の香春神社の祭神は神功皇后の名「オキナガタラシヒメ」とそっくりな「辛国息長大姫大目命《からくにおきながおおひめのおおまのみこと》」で、さらにもう一柱の祭神に、豊比咩が祀られている。

この一帯はかつては「豊前国《ぶぜんのくに》」で、豊前はさらに古くは「豊国《とよのくに》」だった。豊国に「オキナガ」の女神が祀られ、また豊国を代表する宇佐神宮《うさじんぐう》の祭神もまた、応神天皇と神功皇后であったということを無視することはできない。やはり神功皇后とトヨのつながりは強くて深いのである。

そして、「トヨ」で思い浮かべるのは、邪馬台国のヒミコ亡き後王位に就いた十三歳の童女「台与《とよ》」で、ここに大きな問題が隠されている。

実際、『日本書紀』は、「神功皇后をヒミコの時代の人かもしれない」としておきながら、同じ神功皇后摂政紀六十六年の是年の条で、次のような晋《しん》の『起居注《ききょちゅう》』の記事を引用して「ヒミコのあとの人だった」としている。

是年《ことし》、晋《しん》の武帝《ぶてい》の泰初《たいしょ》の二年なり。晋の起居《ききょ》の注《ちゅう》に云《い》はく、武帝の泰初の二年の十月に、倭の女王、訳《をさ》を重《かさ》ねて貢献《こうけん》せしむといふ

つまり、武帝の泰初（泰始《たいし》）二年（二六六）の十月に、倭の女王が僻遠《へきえん》の地からわざわざやってきたとする記事を引用しているのだが、年代から考えて、これが邪馬台国の女王トヨであった疑いがある。

すなわち『日本書紀』は、神功皇后が邪馬台国のヒミコとトヨのどちらかを比定する作業を怠ったわけである。

神功皇后が、邪馬台国の女王・台与とつながってくれば、迷宮入《めいきゅうい》りした邪馬台国論争に、光明が見いだせるかもしれない。なにしろ、『日本書紀』は邪馬台国の事情を知っていて、だからこそ神功皇后を邪馬台国の時代だったかもしれないと暗示を残しつつ、そうではなかったとしらを切ったことになるわけだからである。

これは歴史改竄《かいざん》であり、邪馬台国隠しを『日本書紀』が率先して行なっていた可能性すら出てくるのである。

とするならば、これまで多くの優秀な学者がよってたかって試みても邪馬台国論争が解けなかっ

たのは、『日本書紀』が邪馬台国を隠してしまったという事実に気づかなかったからではないかと思いいたるのである。

そして問題は、のちに触れるように、考古学の進展によって、邪馬台国とヤマト建国がほぼ同時代であったことが確かめられていて、ヤマト建国とその後の歴史をも、『日本書紀』は闇に葬ってしまった可能性が出てくることなのである。

もしこれが本当ならば、「八世紀の朝廷が、邪馬台国やヤマト建国、その他の古い歴史を知っているはずはなかった」という史学界の常識こそが、古代史解明の大きな障壁《しょうへき》となっていたことに気づかされるのである。

『古事記』の神話を尊重した本居宣長

何度もいうように、歴史は、強い政治性を帯《お》びている。

歴史編纂を歴史の勝者が始めれば、それは勝者の正当性証明が目的であった。かたや、敗者が歴史を残そうとするのは、勝者によって抹殺された真実を、後世に伝えようという執念である。

一方は抹殺しようと歴史を編み、一方は抹殺されまいと歴史を作る。そして敗れた者たちは、勝者に対し強い怨念《おんねん》をいだき、復活や復権への執念を込めて歴史を残すのである。

だからこそ、それがいくら気の遠くなるような太古の話であっても、悲しみや恨みの深い事件であればあるほど、必ずや表面では歴史は抹殺され、逆に、裏側では歴史は語り継がれるわけである。

だから、歴史に残るか残らないかは、文字があるかないかが基準になるわけではない。とするならば、古い時代の歴史は再現することなどできないという決めつけこそが、古代史解明の最大の障害になっていることに気づかされる。

では、なぜこれまでの歴史論議は、六世紀以前の歴史は再現できないと、頑《かたく》なに信じてきたのだろうか。

ここでしばらく、これまでの『日本書紀』や『古事記』に対する研究が、どのようなものだったのか、その概略を見ておきたい。

『日本書紀』や『古事記』の研究が盛んになったのは、江戸時代のことであった。

江戸時代のもっとも有名な国学者といえば本居宣長《もとおりのりなが》であろう。それまでほとんど陽《ひ》の目を見ることのなかった『古事記』に着目し、三十余年の歳月をかけて『古事記伝《こじきでん》』（四十四巻、付巻一）を書き上げている。

本居宣長は、『日本書紀』が中国ふうの文化（漢意《からごころ》）に汚染された書物であり、儒教的《じゅきょうてき》な「理」に偏っているとする。そして、現実をありのままに受け止め、「もののあはれ」を重視する本当の日本の文化を知るには、『古事記』を読まなければならないと指摘したのである。そして、『古事記』

に記された神代《かみよ》の物語は、人間の知恵では計り知ることのできないもので、浅はかな理屈をこねて批判すべきものではない、と断定している。

この本居宣長の一種頑迷《がんめい》ともいうべき『古事記』に対するこだわりは、今日においては滑稽《こっけい》にさえ思えるし、本居宣長の発想が、明治維新やその後の皇国史観《こうこくしかん》に引き継がれていったことも事実だ。ただし、だからといって『古事記伝』の「文献学」としての価値が下がるのかというと、そのようなことはない。本居宣長こそが、国学の基礎を築いた功労者であったことには変わりなく、『古事記伝』はいまだに輝きを失っていないのである。

ただ古代史研究は、戦後飛躍的に向上し、また、戦前の皇国史観に対する反発も手伝って、「『古事記』の神話を重視すべきだ」とする考えは、根底から否定されてしまった。

たとえば津田左右吉《つだそうきち》は、本居宣長が唱えた「神話は人智を越えた物語」という発想とは正反対の視点を持つべきだと唱えている。

記紀、特にその神代の部は、その記載が普通の意義でいふ歴史としては取扱ひ難いもの、実在の人間の行為または事蹟を記録したものとしては信用し難いもの（『津田左右吉全集　第一巻』岩波書店）

つまり、神話は絵空事《えそらごと》であり、歴史として考えるわけにはいかない、とする。そしてこのような

『日本書紀』研究の系譜

端緒は江戸時代に遡る

国学者・**本居宣長**の考え

『日本書紀』は中国ふうの文化に汚染されている!

↓ **漢意《からごころ》**

儒教的な「**理**」に偏っている

町人学者・**山片蟠桃《ばんとう》**の考え

『日本書紀』の前半部分は口授伝説で信頼性なし

「戦後史学界の祖」**津田左右吉**の考え

[1] 神話は絵空事で、歴史とは切り離して考える必要がある。

[2] 『日本書紀』は初代天皇を神武とするが、実際のヤマトの政権は第10代崇神天皇から始まっている。

[3] 6世紀以前の『日本書紀』の記述はあてにならない。

[4] 『日本書紀』や『古事記』は、「帝紀」と「旧辞」という親本を参考に作成されている。

[5] 『日本書紀』と『古事記』の編纂には、天武天皇の強い意思が働いている。

もう一人の大御所・**坂本太郎**の考え

津田史観を「コペルニクス的発想の転回」と絶賛する!

津田左右吉の着想をベースに、戦後の『日本書紀』研究は進められてきたのである。

これは余談だが、津田左右吉と似たようなことを、すでに江戸時代の国学者が時代を先取りして述べている。それが大坂の町人学者・山片蟠桃《やまがたばんとう》（一七四八〜一八二一）で、代表作『夢ノ代《ゆめしろ》』の中で、おおよそ次のような言葉をいい放っている。

「日本に文字が渡ってきたのは応神天皇の時代であり、その後の『日本書紀』の記述は事実としても、それまでのことは口授伝説《こうじゅでんせつ》であり、信用できない。神話や神武天皇、神功皇后の三韓征伐《さんかんせいばつ》も妄説《もうせつ》である……」

その語り口は、むしろ津田左右吉よりも激しく、山片蟠桃が戦前、戦中に生きていたら、殺されていたかもしれない。

それはともかく、戦後史学界のもう一人の大御所《おおごしょ》・坂本太郎《さかもとたろう》（史学者・元東京大学教授）は、津田左右吉の業績を絶賛した一人だ。すなわち、津田は戦前の皇国史観を否定し、江戸時代から続いた国学の伝統を断ち切ったのだといい、これこそ、「コペルニクス的発想の転回」だったというのである。

「帝紀」、「旧辞」は『日本書紀』の親本か

ここで、「戦後史学界の祖」ともいうべき津田左右吉の見解をまとめておこう。分類すると、次のように区分することができそうだ。

（1）神話は絵空事で、歴史とは切り離して考える必要がある。
（2）『日本書紀』は初代天皇を神武とするが、実際のヤマトの政権は第十代・崇神天皇から始まっている。
（3）六世紀以前の『日本書紀』の記述はあてにならない。
（4）『日本書紀』や『古事記』は、「帝紀《ていき》」と「旧辞《きゅうじ》」という親本を参考に作成されている。
（5）『日本書紀』と『古事記』の編纂には、天武《てんむ》天皇の強い意思が働いている。

戦後の古代史は、間違いなく、津田左右吉の掲げたこれらの発想を基本にしている。そこで、この中の（4）にまず注目してみよう。『日本書紀』や『古事記』について、津田左右吉はどのように考え、そして、それが今日の研究につながってきたのだろう。また、『日本書紀』や『古事記』の親本とは、どのようなものだったのだろうか。

津田左右吉の考えは以下の通りだ。

『古事記』序文には、『古事記』が記される以前、すでに諸家《しょか》に歴史が伝わっていたとある。しかもそれらの名称が、帝紀と旧辞の組み合わせのほかに、帝紀と本辞、帝皇日継《ていおうひつぎ》と先代旧辞と、旧辞と先紀の四組が記録されている。

一方『日本書紀』の天武天皇十年三月条には、「帝紀及び上古諸事」という表現があって、ここにある「帝紀」は、歴代天皇の系譜や事蹟を述べたものであり、「帝紀」、「帝皇日継」、「先紀」が一つのグループと考えられる。

そして「本辞」、「旧辞」、「先代旧辞」がもう一つのグループで、「上古諸事」と一くくりにされ、上代の数々の物語や歌謡《かよう》を記載したものである。

津田左右吉は、これら二つのグループの文書を、便宜《べんぎ》上それぞれ、『古事記』序文に登場する呼び名「帝紀」と「旧辞」の二つにくくって考え、この呼び分けが、今日にも続いているのである。

津田左右吉は、先述の二つのグループのそれぞれは、もともとは同一の歴史書であったと考えた。『古事記』序文にいうように、それが諸家に伝わっているうちに、各々の家にとって都合のいい内容が付け加えられ、または都合の悪いことは削り取られたりして、伝承にバラツキが出てきてしまったというのだ。だからこそ、天武天皇は、その誤りをいまのうちに直さなければ、後の世に間違った歴史を残してしまう、と述べたことになる。

そして、津田左右吉は、「帝紀」と「旧辞」を参照にして、天武天皇の勅命《ちょくめい》によって、『古事記』と『日本書紀』編纂事業が始まったのだとしたのである。

では、なぜ『古事記』と『日本書紀』という二種類の歴史書を用意しなければならなかったのだろう。津田左右吉は、次のように考えた。

まず、太安万侶《おおのやすまろ》が『古事記』を編纂したが、諸家に残る伝承の誤りをただすことはできなかったのだという。

また、天武紀には川嶋皇子《かわしまのみこ》を筆頭に歴史編纂プロジェクトが発足したかのように記されているが、諸家がこの呼びかけに「はい、そうですか」と「帝紀」や「旧辞」の書き直しに協力したとは思えないというのだ。そして『古事記』は、そのような状態の中で、「帝紀」と「旧辞」を継ぎ足して作ってみたもので、「旧辞」の部分は上代の物語で終わっていたから、『古事記』も第二十四代仁賢《にんけん》天皇や第二十五代の武烈《ぶれつ》天皇以後の物語は欠如した形になってしまったとする。

一方、諸家にすれば、複雑に絡み合った利害関係が存在していたから、『古事記』の記述に従うことができず、不満が噴出した。そこで朝廷は、それぞれに伝わる歴史を聞き取り、文書を比較し、本当の国史らしい体裁を整える必要に迫られた。こうして完成したのが『日本書紀』だった、というのである。

このように『日本書紀』や『古事記』の編纂と「帝紀」、「旧辞」の関係を整理した津田左右吉は、つぎのような推理を働かせている。

(1)『日本書紀』や『古事記』は「帝紀」や「旧辞」を元に記された。その「帝紀」と「旧辞」は、六世紀の中頃に完成していたと津田左右吉はいう。そして、これらは六世紀当時の朝廷の思想を反映し、皇室の由来と権威の発展の状態を語ろうとしたものだった。
(2)もっとも、「帝紀」と「旧辞」は、こののち『日本書紀』や『古事記』が編《あ》まれるまでの間、潤色が加えられ改変させられていた。その、歪められた資料を元に『日本書紀』や『古事記』が書かれたのだから、いくら正しい歴史を残そうとしたとしても、これらの文書に残された六世紀以前の「物語」は、歴史的事実と認めるわけにはいかなくなるという。
(3)ただし、だからといって『日本書紀』と『古事記』の価値が下がるわけではないとするのが津田左右吉の考えだ。というのも、少なくとも、「思想」や「風俗」という点に関していえば、それらの物語が形成された時代の状況をいまに伝えているのであり、また、有力な地位にあった諸氏族の政治観や国家観が如実に現されているからである……。

このようにまとめたうえで、津田左右吉は、次のように記している。

古事記及びそれに応ずる部分の書紀の記載は、歴史ではなくして物語である。さうして物語は歴史よりも却《かえ》ってよく国民の思想を語るものである(『津田左右吉全集　第一巻』岩波書店)

津田左右吉の思想

「帝紀」、「旧辞」 …… 6世紀中頃に完成

その後、潤色と改変がなされる

この書をもとに編纂されたのが……

『日本書紀』、『古事記』

したがって……

6世紀以前は 単なる**物語**に過ぎない

ただし、「思想」や「風俗」という
観点からは価値がある

なるほど、冷徹で科学的で、客観的な歴史観といえるだろう。そして、この発想が戦後の史学界の原形となっていったのである。

そして、「帝紀」や「旧辞」が『日本書紀』や『古事記』の元になったという津田左右吉の発想は、その後の研究に継承された。仮にそれが「帝紀」や「旧辞」という呼び名でないにしても、「『日本書紀』や『古事記』以前に、歴史を記した文書は確かにあった」ことはほぼ間違いない事実と考えられるようになってきたのである。

ただし、津田左右吉は「帝紀」と「旧辞」の成立を六世紀としていたが、これらの文書以前にも、別の歴史書が存在していた可能性が高くなっている。

なぜこのようなことがいえるのかというと、『日本書紀』をめぐる精密な「区分論（書紀区分論。『日本書紀』の記述の癖を区分し、それぞれの時代ごとの記述の差がなぜ生まれたのかを考える）」や「暦法（『日本書紀』に使われている暦は一つではない。このちがう暦がどこで使い分けられ、なぜそのようなことをしたのかを考える）」、「紀年法《きねんほう》（『日本書紀』の紀年を信じれば、神武元年は、いまからおおよそ二千六百年も前のことになるが、これはありえない。その他の天皇の紀年にも、矛盾が目立つ。そこで、『日本書紀』の紀年を修正する必要が出てくる）」の研究が大きな成果を上げたためである。

そこでようやく津田左右吉を離れ、最新の『日本書紀』研究を俯瞰《ふかん》しておこう。

『書紀』区分論によって何がわかったのか

書紀区分論の先鞭《せんべん》をつけたのは岡田正之《おかだまさゆき》氏で、すでに一九二九年に『近江奈良朝の漢文学』（東洋文庫）を発表している。『日本書紀』の言い回し「一書曰《いはく》」や「或本云《あるふみにいはく》」などの他の文書の引用の際の表現に明確な差が見られるという指摘であった。

書紀区分論には、いくつものやり方がある。『日本書紀』の神代の「巻一」から最後の持統天皇の段「巻三十」までの各巻の内容を細かくみていくと、いろいろな要素ごとに異なる設定がみてとれるわけだ。

たとえば「使用語句（各巻ごとに使用語句が偏在していることがある）」、「仮名字種（同じく仮名が偏在している）」、「分注の件数（やはり、分注を付ける箇所が偏っている）」、「語法分析（「之」の字の用法にどうしたことか、偏在が見られる）」、「出典と素材（漢籍からの引用文が『日本書紀』には見られるが、その出典に偏りが見られる）」などの切り口があるが、これらを総合すると、一つの傾向が見えてくる。

というのも、これらの書紀区分論の諸要素を組み合わせると、おおよそのところ、『日本書紀』の巻十三と巻十四の間に、大きな断層らしきものが見られるからだ。

ちなみに、巻十三はどの天皇かというと、第十九代允恭《いんぎょう》天皇と第二十代の安康《あんこう》天皇で、第十四巻は、第二十一代雄略《ゆうりゃく》天皇にあたっている。

ただし、これらそれぞれの書紀区分論すべてが巻十三と巻十四で明確に峻別《しゅんべつ》できるわけではなく、まだ決定的とはいえない。

では、これらの区分論をさらに確実なものにする方法はあるのだろうか。

書紀区分論の一つの到達点を作り上げた森博達《もりひろみち》氏は、
言葉の研究こそが文献を解明する基盤である（『日本書紀の謎を解く　述作者は誰か』中公新書）

と述べ、「言葉」には、「意味」だけではなくもう一つの重要な要素が秘められている、とする。それが「音声」で、奈良時代には上代特殊仮名遣《じょうだいとくしゅかなづかい》があって、いまでは「あいうえお」以下四十六音＋濁音《だくおん》の発音であるのに対し、上代日本語には八十七〜八種類の音節が区別され、発音されていたのである。

そして問題は、八十七に及ぶ「音」を、漢字を使って表現する必要に迫られたとき、どの漢字をどの音に合わせるか、当時の人は大いに悩んだであろうことである。というのも、当然のことながら、中国には中国の漢字それぞれの発音があって、また、時代と地域によって「呉音《ごおん》」、「漢音《かんおん》」の差があり、また、「古韓音」という古い発音も、日本に入ってきている。したがって、一つの漢字をとっても、日本語とぴったりと合うわけではなかったのである。

とするならば、「この音にはこの漢字を当てよう」という取り決めが必要だった。またいつの間にか、漢字を日本流に読んで発音してしまうという「倭化（和化）」があり、その集大成が「万葉仮名《まんようがな》」ということになる。

さらにそのルールが『日本書紀』の中で全巻を通じて一定だったのか、あるいは巻ごとにでこぼこがあったのかが問題で、その差の中に、新たな書紀区分論の成立する可能性が秘められていた。つまり、もし『日本書紀』の著者が一人であるなら、記述ごとに漢字の使い方に差が見られるはずはなかったのである。

『日本書紀』を新しい観点から解明した3つの研究法

❖――1.書紀区分論

『日本書紀』の記述の「癖」を区分し、各時代ごとの記述の差の原因を解明する

↓

その結果 『日本書紀』の巻13と巻14の間に大きな断層があることが判明

❖――2.暦法

『日本書紀』に使用されている各暦の使用法とその背景を解明する

↓

その結果 古い時代の記事が新しい暦で、新しい時代の記事が古い暦で書かれている

❖――3.紀年法

『日本書紀』に使用されている紀年(歴史上の一点から年数を数える方法)を調べて、その背景を解明する

↓

その結果 巻13付近で紀年法の要素が変化していることが判明

したがって……

『日本書紀』には**親本**が存在した!

ちなみに、『古事記』とは違って、『日本書紀』は純粋な「漢文」で書かれているのだから、原則的には万葉仮名を使う必要はないのではないか、という疑問をもたれよう。

ところが例外があった。その一つが「歌」だ。物語の中には「歌謡」が挿入されていて、それが日本語で歌われたものだから、これを漢字で表現しなければならず、その記述の中で、一文字一文字ごとに、どのような漢字を使っているかを調べることで、『日本書紀』の編者の「癖」を知ることができるわけである。

森博達氏は、『日本書紀』には二つの明確な境界があること（α群…巻十四から巻十九と巻二十四から巻二十七、β群…巻一から巻十二と巻二十二、二十三）、それは「音韻」の差であり、漢字音の相違に基づいていることを、まずつき止めている。

そして、この「音韻」の差は、倭音に基づく仮名＝β群、原音（中国音）で直接書かれた仮名＝α群によって作られていたと指摘したのである。

なぜ二通りの記述方法がとられたかというと、森氏はα群を「渡来唐人」が書いたからにほかならないとした。しかもそれは、日本語に「習熟しない渡来唐人」であったという。

その証拠はいくつも列挙されているが、決定的なのは、「日本語の濁音を誤って清音の漢字で写している」ところにあるとする。

さらに、『日本書紀』の記述には、純粋な漢文ではない独特の「倭習（和化漢文。漢字の使い方に誤用や奇用がある)」が認められ、もちろんそれが、日本人の手で漢文が書かれたからにほかならないのだが、その「倭習」がβ群に偏在していると森氏は指摘している。

具体的にわかってきた『日本書紀』の編者

森氏の研究で興味深いのは、『日本書紀』編纂にいたる「技術的」な経過を割り出しただけではなく、携《たずさ》わった人びとを具体的に特定して見せているところである。

森氏は『日本書紀』の記述を、α群、β群、そして巻三十(持統天皇紀にあたる。この巻だけが特殊で、たとえば「群臣」という言葉はα、β双方に散らばっているが、三十巻に限って、その使用例がなく、「公卿百寮《まえつきみ》」とある)の三つに分類し、その中でもα群を記したのは「日本語がわかっていない渡来一世」といいきり、逆にβ群を書いた人物は、仏典や仏教漢文の知識はあったかもしれないが、正格漢文を記述するだけの力がなかったと断定している。β群の中にも正格漢文があるが、それは「引用文」に限られていたのである。

では、誰がα群を、そしてβ群を書いたのだろう。

まずα群の「唐人」で、時期的にぴったりと合ってくる人物が二人いる。それが、日本で最初の音博士《おんはかせ》・続守言《しょくしゅげん》と薩弘恪《さっこうかく》(持統天皇紀五年九月四日条に音博士の記述がある)である。

薩弘恪がなぜ日本にやってきたのかははっきりとはわからない。これに対して続守言は、白村江《はくそんこう》の戦い（六六三年）の三年ほど前（つまり六六〇年）、唐と新羅《しらぎ》の連合軍と百済《くだら》の戦闘のさなかに百済側に囚《とら》われの身となり、斉明七年（六六一）、日本に送られてきたという経歴の持ち主だった。

続守言と薩弘恪の二人は、こののち浄御原《きよみはら》令の編纂に功績があった徴証《ちょうしょう》があり、さらに薩弘恪は、大宝《たいほう》律令編纂に参画《さんかく》している。

さらに、持統五年（六九一）八月十三日、歴史編纂のための基礎資料とするためであろう、各豪族らの墓記が朝廷に集められたという記事があり、その二十一日後に、続守言と薩弘恪に音博士の肩書が与えられたとある。この二つの記事は、国史編纂と大いに関係があると森氏は指摘し、これらの記事から、続守言と薩弘恪が『日本書紀』のα群を記述したことはほぼ間違いないと推理したわけである。

それではβ群の述作者は誰なのだろうか。

森氏はまず、『日本書紀』の述作がα群から始まり、遅れてβ群が記されていたことを重視する。α群は持統朝、β群は文武朝に事業が始まっていると考えられる。

そこで森氏は、文武朝以後の学者の中に、β群の述作者がいると読んだ。そして、もっとも相応《ふさわ》しいのは、青年時代に学問僧として新羅に留学し、帰国後還俗《げんぞく》した山田史御方《やまだのふひとみかた》だ。理由は、時代背景がぴたりと重なること、β群の「癖」がちょうど山田史御方の経歴に合致するからである。

森氏はこれに続けて、巻三十を紀朝臣清人《きのあそんきよひと》が撰述し、同時に三宅臣藤麻呂《みやけのおみふじまろ》がα、β両群に手を加えたという（詳述は避ける）。

森氏は最後に、これらのいきさつをまとめたうえで、

真実はいつも簡単だ

と語り、筆を置いている。

じつに生々しいほど、具体的に『日本書紀』の述作者の顔ぶれが、ここにそろったのである。

暦からわかってきた『日本書紀』

このような『日本書紀』をめぐる研究の成果は、まだまだたくさんある。考古学と違って、なかなかマスコミに取り上げられないから目立たないだけの話だ。たとえば小川清彦氏は、『日本書紀』の中で、二つの異なった暦が使用されていることを発見した。それが儀鳳暦《ぎほうれき》（本来は麟徳暦《りんとくれき》。日本では、儀鳳年中に伝わったので儀鳳暦と呼んでいる）と元嘉暦《げんかれき》で、儀鳳暦は唐の時代、麟徳《りんとく》二年（六六五）に施行された暦で、新羅経由で日本にもたらされた。かたや元嘉暦は、宋の元嘉二十二

年（四四五）に施行され六十五年間使われた暦で、初めて日本に伝わったことでも有名である。巻三の神武紀から巻十三の安康《あんこう》即位前紀までが儀鳳暦、そして安康三年から持統四年（六九〇）が、元嘉暦を用いている。ちなみに、持統五年から先は儀鳳暦に戻るという。

お気づきのこととは思うが、古い時代は新しい暦で、新しい時代は古い暦を使って記述していたことがはっきりしている。どうにも不思議な、逆立ちした構造になっているわけである。

紀年論から『日本書紀』や『古事記』に新たな視点をもたらした倉西裕子《くらにしゆうこ》氏は、巻十三の安康紀のあたりで、『日本書紀』編纂上、暦法、使用語句、仮名字種、語法、そして紀年法などの要素が変わっていると指摘し、次のような仮説を掲げている。

すなわち、『日本書紀』が編纂される以前、

安康紀以降の歴史的事象を記録した元嘉暦を用いた編年体《へんねんたい》の史書が存在していた

とするのである（『「記紀」はいかにして成立したか』講談社選書メチエ）。

なぜこのような仮説が成り立つのか、倉西裕子氏は次のように述べている。

まず元嘉暦は、六世紀初頭以降、中国では使われていないこと、またこの暦は、成立後すぐに百済に伝わり、日本にも早い段階で入っていた可能性が高いとする。

これに対し儀鳳暦は、すでに触れたように、唐の儀鳳年中に伝わったから儀鳳暦といった。このことから、この暦が日本に伝わったのは、西暦六七六～六七九年と特定できる。これは日本では、天武五年から八年ということになる。

つまり、新しい時代の物語を古い暦で、古い時代の物語を新しい暦で記録していたことになり、ここに不思議があった。

だが、次のように考えることで、この謎が解ける。すなわち、『日本書紀』編纂の時点で、安康紀からあとの新しい部分を、古い暦の元嘉暦で記録した歴史書がすでに存在していて、これを参考に『日本書紀』が編纂された、ということである。

そして、これを津田左右吉のいうところの「帝紀」と「旧辞」に関連づけると、次のような三つの仮説が可能になると、倉西氏は指摘している。

(1)「帝紀」、「旧辞」の成立の事情は、次のようなものと考えられる。まず五世紀ごろの安康朝から元嘉暦を用いた史書があって、これに神代にまで遡る古い歴史を書き足した可能性がある

(2) 安康天皇の時代、すでに神代から安康朝までを記した暦法のない歴史書(原「帝紀、旧辞」)が存在していた。そして、これに元嘉暦を用いた年譜が加えられていって、新しい「帝紀」と「旧辞」が誕生した

（3）まず六世紀中頃、継体《けいたい》朝から欽明《きんめい》朝の頃、原「帝紀、旧辞」が書かれ、これに元嘉暦を用いて書き加えられた……

結局、『日本書紀』や『古事記』が成立するまでに、どのような史書が存在し、どのような形で『日本書紀』が編纂されていったのか、はっきりしたことはわからない。しかし、『日本書紀』には親本になった歴史書が確かにあって、そのうちの一つが、安康天皇以後の歴史を元嘉暦で記した代物《しろもの》であったことを、倉西氏はつき止めたのだ。

このように、『日本書紀』研究の、近年の進歩はめざましいものがある。

だがここで、忘れてはならない大切なことがある。

確かに森博達氏の着眼によって、『日本書紀』の述作者の顔ぶれははっきりとしてきたといえるだろう。そして『日本書紀』の漢字の羅列は、みごとなまでに解剖され、これまで見えなかった細部の構造も、その全貌を現そうとさえしている。

そして、倉西氏らの指摘にあるように、『日本書紀』以前の「帝紀」や「旧辞」といった『日本書紀』の親本が存在したこと、さらにそれ以前にも、歴史書が存在していた可能性も高くなってきたわけである。

これまでわからなかった『日本書紀』編纂の過程は、これでだいぶ透明感を持ってきたといえよう。

ただし、これで『日本書紀』の「本質」に迫れたのかというと、話はそう簡単ではないのだ。

ここにいう『日本書紀』の本質とは、『日本書紀』がどのような過程を経て誰の手で記録されたか、その具体的な現場の姿を再現することではなく、その裏で、どのような政治的思惑が交差していたのか、誰が何の目的で、『日本書紀』の編纂を命じ、監督したのか、そのことなのである。

天武天皇が『日本書紀』を書かせたという大前提が誤っていた

ここまで見てきたように、『日本書紀』や『古事記』をめぐる研究は細分化され、精密になって、大きな進展を見せている。

だが、だからといって『日本書紀』の正体が明らかにされたかというと、大きな疑問が残る。なぜなら、『日本書紀』研究は、最初の一歩でつまずいたまま、誰もその事実に気づいていないからだ。

まず第一に、津田左右吉は六世紀以前の歴史は「神話」や「説話」の類《たぐい》に近く、真実とはほど遠いと切り捨ててしまった。このため、古墳時代の生き生きとした歴史は再現されることなく、歴史の教科書は無味乾燥なものとなっている。だが、すでに神功皇后という例を出したように、『日本書紀』は六世紀以前の歴史を熟知していて、だからこそ歴史改竄《かいざん》をしていた可能性は高いのである。

そして、もう一つ、『日本書紀』研究は大きな過ちを犯している。それが、『日本書紀』は天武天皇にとって都合のいいように書かれていたという思い込みである。
『日本書紀』の正体を探り、また古代史の真相を解明するうえで、「誰が何を目的に『日本書紀』を書かせたのか」という問題は、非常に大きな意味をもっている。たとえば、「『日本書紀』は天武天皇のために書かれた」ということこれまでの常識が誤りだったとしたら、すべての歴史解釈が間違ってくるはずである。

つまり、最初のボタンの掛け違いが、すべてのボタンの位置をずらしてしまったようなものだ。そして、『日本書紀』は天武天皇のために書かれたものという印象を強く受けるのは、『日本書紀』自身が仕組んだカラクリだったのではないかと、筆者は疑っているのである。

天武天皇の正体を抹殺しなければならない必要性が『日本書紀』の編者にはあって、だからこそ『日本書紀』は編纂され、しかもその中で、天武天皇の業績も正体も抹殺してしまったのではないか、ということなのだ。そしてその「天武抹殺」のカラクリの初めの一歩が、『日本書紀』編纂の発案が天武によるもの、ということではなかったか。

そして、天武の正体を抹殺するための小さな嘘が次第に大きくなり、七世紀はおろか、六世紀以前の歴史も、うやむやにする必要が出てきてしまったということである。

なぜこのようなことがいえるのかというと、のちに詳述するように、天武天皇の正体を解き明かすには、三世紀の邪馬台国まで遡らなければならないからなのである。

『日本書紀』は誰のために書かれたものか?

津田左右吉をはじめとする戦後の古代史界

通説 天武天皇の正当性を喧伝するために執筆されたのが……『日本書紀』

But いまだに謎が残る……

間違っているとしたら?

→ **天武天皇の本当の業績も正体も抹殺しなければならない理由があった?**

そのためには

6世紀以前の歴史もうやむやにする必要があった!

たとえば、ここで一つだけそのわかりやすい例を挙げておくと、次のような問題がある。

天武天皇の和風諡号《わふうしごう》は天渟中原瀛真人天皇《あまのぬなはらおきのまひとのすめらみこと》だが、この諡号の中の「渟中（ヌナ）」は、神功皇后と大いにかかわりのあった住吉《すみよし》大社の建てられた土地（渟名倉《ぬなくら》）と同じであり、その住吉大社には、「卑弥呼《ひみこ》かもしれない神功皇后」が祀られていて、しかも、神社の伝承に従えば、住吉大神は神功皇后と夫婦の密事《むつびごと》をしたという。ちなみに、神功皇后の夫は仲哀天皇で、夫の死の直後、この事件は起きていたというのである。

どうにも謎めいた伝承なのだが、その住吉大神と神功皇后が祀られる「渟名」の地名を、なぜ天武の諡号にあてがったのか、これまでほとんど注目されてこなかった。しかし、次第に明らかになっていくが、天武天皇は邪馬台国の女王と密接な関係を持っていたのであり、それを抹殺したのが『日本書紀』にほかならないのである。

すなわち、誰が何の目的で書かせたのか、その歴史解明の大前提が狂っていたがために、『日本書紀』の六世紀以前の歴史記述は無意味とされ、邪馬台国やヤマト建国といった、日本人がもっとも知っておかなければいけない日本史の根本が、いまだにはっきりしていないのではないかと思えてならないのである。

天武天皇紀の時代背景

ここで再確認しておきたいのは、通説は、何を根拠に、『日本書紀』は天武天皇のために書かれたと決めつけているのかということだろう。それは簡単なことで、『古事記』の序文と『日本書紀』の天武十年三月の記事に、これらの文書が天武天皇の命令によって編纂が開始（あるいは準備）されたことが記されていたからだ。

そこで、『古事記』の序文と天武紀十年三月の条の記事を振り返ってみるが、その前に、そもそも、天武天皇の時代とはいかなるものだったのか、先に少し、歴史のおさらいをしておこう。

さて、誰もが知る蘇我入鹿《そがのいるか》暗殺（乙巳《いっし》の変《へん》）とこれに続く行政改革・大化改新《たいかのかいしん》が起きたのが、西暦六四五年。こののち政局は流転し、蘇我入鹿を殺したことで知られる英雄・中大兄皇子《なかのおおえのみこ》が実権を握ると、ヤマト朝廷（倭）は一度滅びた朝鮮半島の同盟国・百済を救援し再興を試みる。

だが、唐《とう》と新羅の連合軍に挟み撃ちにされた百済と倭軍は、あっけなく敗走し、ここに百済はこの世から消え去った。白村江の戦い（六六三年）がこれである。

敗戦後の日本は東アジアで孤立したが、唐と新羅が仲違《なかたが》いを起こしたことで、ヤマト朝廷は救われている。唐は新羅をみくびり、倭国に接近したからだ。命拾いをした中大兄皇子は近江《おうみ》に都を遷《うつ》し、ここで即位。天智《てんぢ》天皇の誕生である。

白村江の戦いで国力は疲弊し、不満は高まった。天智天皇は事態を憂慮し、大化改新以来推し進めてきた律令《りつりょう》制度導入政策を、ややゆるめた気配がある。特に、豪族《ごうぞく》層の不満を抑えるために、私有民を保障するなどして、時代をやや後ろ向きに戻している。

天智天皇の失策は白村江の戦いだけではなかった。跡継ぎ問題でも優柔不断な姿勢を示した。まず天智天皇は弟の大海人皇子《おおあまのみこ》（のちの天武天皇）を皇太子に立てた。だが天智は晩年、大友皇子《おおとものみこ》を即位させたいという親心が出て、兄弟の関係は緊迫してしまう。結局、天智は大海人皇子に「皇位を譲ろう」と申し出るが、これを罠と判断した大海人皇子は吉野に逼塞《ひっそく》してしまった。

だが天智の崩御《ほうぎょ》（崩御とは天皇の死を意味する）ののち、大海人皇子と大友皇子は激突する。これが壬申《じんしん》の乱《らん》（六七二年）で、東国の軍勢の加勢を得て正規軍を蹴散らした大海人皇子が、奇跡的な勝利を収めたのである。

ここに、多くの豪族の支持を取り付け即位した天武天皇が、大化改新以来の懸案であった律令制度の整備を着々と進め、大きな時代の画期を築き上げたのである。

つまり、天武十年とは、そういう新たな気概に満ちた復興と繁栄の時代であったといっても過言ではなかった。

天武紀十年三月の記事と『古事記』序文

ではいよいよ、『日本書紀』は天武のために書かれたと一般に考えられている最大の理由、『日本書紀』天武十年（六八一）三月十七日の記事をみてみよう。

そこには次のようにある。

この日天皇は、大極殿《だいごくでん》で以下の諸王、群臣《ぐんしん》に、詔《みことのり》を出したという。そこに集まった人びとの名を列挙すると、川嶋皇子《かわしまのみこ》、忍壁皇子《おさかべのみこ》、広瀬王《ひろせのおおきみ》、竹田王《たけだのおおきみ》、桑田王《くわたのおおきみ》、三野王《みののおおきみ》、上毛野君三千《かみつけののきみみちぢ》、忌部連首《いんべのむらじおびと》、阿曇連稲敷《あずみのむらじいなしき》、難波連大形《なにわのむらじおおかた》、中臣連大嶋《なかとみのむらじおおしま》、平群臣子首《へぐりのおみこびと》ということになる。

そして天武天皇は彼らに向かって、あることを命じたのだ。そこには、

帝紀《すめらみことのふみ》及《およ》び上古《いにしへ》の諸事《もろもろのこと》を記《しる》し定《さだ》めしめたまふ

とある。すなわち、帝紀と上古の諸事をまとめるようにという指示であり、歴史書の編纂を意味していたことがわかる。そして、この詔こそ、『日本書紀』の編纂開始を意味していると考えられている。

ところで、ここにある川嶋皇子は、天智天皇の皇子だった。天武朝の歴史編纂に天智系の皇子が混じっていたのはなぜだろうか。

日本最初の漢詩集『懐風藻《かいふうそう》』によれば、川嶋皇子は天武天皇の皇子・大津の親友だったとあるから、天武も一目置いていたのかもしれない。もっとも川嶋皇子は、大津皇子《おおつのみこ》の死（六八六年）ののち、あまり長生きをしていない（五年後に亡くなっている）。忍壁皇子も『日本書紀』が完成するはるか以前に亡くなった（七〇五年）。結果、最終的に『日本書紀』の編纂責任者の地位には、やはり天武天皇の皇子で、知太政官事《ちだじょうかんじ》の重責を担う舎人親王《とねりしんのう》が就《つ》いている。そして、これら天武十年に歴史書編纂を命じられた人びとが、この後どのように歴史事業にかかわっていったのかはわかっていない。

一方、『古事記』の序文に目をやると、やはりこの文書も、天武天皇が関与していたと記している。

『古事記』の序文は、「臣安万侶言《しんやすまろまを》す」、太安万侶《おおのやすまろ》が申し上げます、という言葉から始まる。

ここから太安万侶は、三段構成の上表（天皇に文書を奉《たてまつ》ること）を行なっている。

第一段では、宇宙の混沌《こんとん》から天孫降臨《てんそんこうりん》にいたる神話、神倭天皇《かむやまとのすめらみこと》（神武）の東征、そして、天皇家の歴史を語っている。

第二段では、天武天皇の即位にいたるいきさつ（要するに壬申の乱の説明）、さらに即位したのちの業績と人物の偉大さを称賛している。また、ここで、天武天皇が歴史書の編纂を命じたという『古事記』撰録《せんろく》の発端が述べられている。

第三段では、第四十三代元明《げんめい》天皇の時代（在位七〇七〜七一五年）、『古事記』が完成したことを告げている。

ここで問題になるのが、第二段と第三段である。

『古事記』編纂にいたる道のり

まず第二段をみてみよう。天武天皇が歴史書の編纂を命じた場面だ。「朕聞《われき》く（わたしがきくところによると）」と始まり、天武天皇の言葉が次のように続く。

諸々《もろもろ》の家に伝わる帝紀と旧辞とは、すでにいくつもの虚偽が加えられ、真実とは異なっているという。いまここでそれらの誤りを改めねば、いくばくの年月を経ずして、「旨《むね》（本来の歴史、嘘偽りのない歴史）」は滅びるだろう。だが、帝紀と旧辞は国家行政の根本であり、また天皇徳化《とっか》の基

『日本書紀』と『古事記』の比較表

日本書紀
天武10年（682）の記事
天武天皇は諸王、群臣に向かって、「帝紀」と「上古の諸事」をまとめるように命じる

古事記
和銅4年（711）
元明天皇が太安万侶に、天武天皇が稗田阿礼に命じられた「旧辞」を選録して献上しなさいと命じる

→ 両書とも最初は**天武天皇**の命令で編纂作業を開始、とある

→ **通説**ができ上がる
天武天皇のために執筆されたもの

本でもある。ゆえに、帝紀を撰録し、旧辞をよく調べて正しくし、偽りを削り落として、本来の歴史を取り戻し、後世に伝えたいと思う。

天武天皇はこのように告げた。

時に、一人の舎人《とねり》（天皇や皇族に近侍《きんじ》し、護衛や身の回りの世話をした役人）がいた。姓は稗田《ひえだ》、名は阿礼《あれ》で、年齢は二十八。人柄は聡明で、文章を見れば口で読み伝え、耳で聞けば心に留め置くことができた。そこで阿礼に勅《みことのり》して、「帝皇日継《すめらみことのひつぎ》」と「先代旧辞《さきつよのふること》」とを誦み習わした。だが、それ以来いま（元明天皇の御世《みよ》）にいたるまで、なかなか撰録事業は進展しなかったというのである。

そこで第三段では、歴史編纂事業が難渋した理由と、太安万侶がついに古事記を完成させた話が続く。

元明天皇は、和銅《わどう》四年（七一一）九月十八日、太安万侶に詔し、

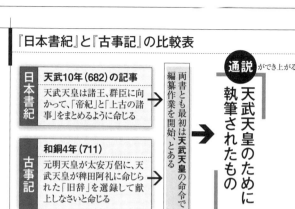

「天武天皇が稗田阿礼に命じられた旧辞を撰録して献上しなさい」と命じたのだった。ところが上古のもろもろの事情を、文字（漢字）に直すのは容易ではなく苦労したこと、さまざまな工夫を施し、和銅五年正月に、太安万侶は『古事記』三巻を完成させ献上した、というのである。

『日本書紀』の話をするのに、なぜ『古事記』の序文の訳文を長々と書いたかというと、一つの理由は、『日本書紀』も『古事記』も、どちらの編纂も、これらの文面からまず天武天皇の命令から始まっていたと読みとれるからだ。通説が、「『日本書紀』は天武のため」という発想をもったことは、これでご理解いただけただろう。

つまり、壬申の乱を制した天武天皇が、「甥殺《おい》し」の汚名をすすぎ、内乱の正当性を証明するために『日本書紀』を編纂させたと考えているのである。

これだけの材料を見れば、通説は間違っていないと感じられるかもしれない。だが何度もいうように、ここに大きな落とし穴が隠されていたのである。そこで次章から、いよいよ『日本書紀』は誰のために誰が書いたのか、その謎解きを進めていくことにしよう。

第二章

『日本書紀』は誰のために書かれたか

「『日本書紀』は天武のために書かれた」という通説への疑問

なぜ、通説は『日本書紀』が天武天皇のために書かれたと信じて疑わないのだろうか。

もちろんそれは、いくつもの状況証拠がそろっていたからでもある。

まず第一に、すでに触れたように『日本書紀』や『古事記』序文には、天武が歴史書の編纂《へんさん》を命じたと記されている。

それだけではない。『日本書紀』も『古事記』も天武の崩御《ほうぎょ》後（死後）、天武系の王家の手で作成されている。

天武天皇の亡き後の皇統は、持統《じとう》、文武《もんむ》、元正《げんしょう》、元明《げんめい》、聖武《しょうむ》、孝謙《こうけん》、淳仁《じゅんにん》、称徳《しょうとく》（孝謙が重祚《ちょうそ》：退位した天皇が再び皇位に就くこと）と続くが、持統は天武の皇后で、文武は天武の孫、聖武天皇以下は天武系で、元正と元明の二人の女帝は持統の親族と、ほぼ天武系や天武に親しい皇族が、皇位を継承しているといっていい。

だから、『日本書紀』は、天武天皇が発案し、そのファミリーが作成を手がけたという図式が成り立つ。

動機という点に関しても同様だ。天武には、『日本書紀』を編纂する十分すぎるほどの動機があったと考えられる。端的にいってしまえば、壬申《じんしん》の乱《らん》で甥《おい》を殺して王位を獲得していたからである。

このあたりの事情は、『日本書紀』を考えるうえで非常に重要なことなので、少し天武天皇の生涯をおさらいしてみよう。なぜ天武は、骨肉の争いに巻き込まれ、これを武力によって収拾しなければならなかったのだろうか。

天武天皇の生年は定かではない。『日本書紀』に従えば、天武天皇の父は、第三十四代舒明《じょめい》天皇、母は第三十五代・三十七代の皇極《こうぎょく》天皇（重祚して斉明《さいめい》天皇。宝皇女《たからのひめみこ》）で、天武天皇は即位する前の名を大海人皇子《おおあまのみこ》といった。同母兄に中大兄皇子《なかのおおえのみこ》がいた（天智《てんぢ》天皇）。

天武天皇の生年は定かではない。『日本書紀』での初出は舒明二年（六三〇）正月の、舒明天皇と宝皇女の間の子・大海人皇子として登場したのち、しばらく姿を現さない。生きて動く人間として歴史に登場したのは、孝徳《こうとく》天皇の時代、白雉《はくち》四年（六五三）の是歳《ことし》の条で、そこには、太子（中大兄皇子）が孝徳天皇に難波《なにわ》から飛鳥《あすか》への遷都《せんと》を進言したが受け入れられず、よって勝手に皇族や官僚を率いて飛鳥に移ってしまったという話があり、この中で、「皇弟《すめいろど》」という二文字があり、太子の弟、大海人皇子がこれに当たると考えられている。

それはともかく、兄・天智天皇の政権は、乙巳《いっし》の変《へん》、大化改新の主役が皇位を継承したのだから、さぞかし民衆に支持され、また、数々の斬新な政策を施していったのではないかという印象が強いが、実際の治政は思うようにいかなかったようだ。

というのも、一度滅亡した百済《くだら》で王家再興運動が起こり、ヤマト朝廷は百済救援軍を派遣し、唐《とう》と新羅《しらぎ》の連合軍に大敗北を喫していたからである（これが西暦六六三年の白村江の戦い）。

ヤマト朝廷はこのとき滅亡の危機を迎え、唐の侵攻に恐怖していた。各地に山城を築き、兵糧を蓄えているというありさまだった。しかも、望まない戦いにかり出された豪族層の不満は高まり、律令整備事業は、いったん頓挫《とんざ》していたというのが本当のところである。

もっとも、朝鮮半島支配を目論《もくろ》んだ唐に対し、新羅が反旗を翻《ひるがえ》したおかげで、ヤマト朝廷（というよりも、百済救援を積極的に主導した天智というべきか）は首の皮一枚のところで命拾いをした。

とにもかくにも、天智の人気が高かったとはお世辞にもいえない。白村江の後始末を終え、都を飛鳥から近江《おうみ》に遷《うつ》そうとしたときには、誰もが反発し、不審火が絶えなかったという。柿本人麻呂《かきのもとのひとまろ》も、このときの気持ちを「いったい何を考えておられるのか」という歌に残しているほどである。

天智と天武が対立した理由

このような、天智天皇の微妙な立場が、弟・大海人皇子との亀裂を生み出していったのかもしれない。

当初、天智天皇は弟の大海人皇子を皇位継承者に選んでいたようだ（古代においては兄弟が皇位を継承する例が少なくなかった）。天智七年（六六八）に天智がようやく即位したとき、大皇弟《ひつぎのみこ》という者が天智のそば近くにいて、これが「皇太子としての大海人皇子」と考えられるからだ（このようにまだるっこい言い方になるのは、『日本書紀』がなかなか「大海人皇子」の名前を出さないからなのだ）。

ところが晩年、天智の気持ちが変わった。息子の大友皇子《おおとものみこ》に皇位を譲ろうと画策した気配が濃厚なのだ。ただそうなると、大海人皇子の存在が邪魔になるわけで、天智は大海人皇子抹殺の謀略をめぐらせていた疑いが強いのである。

なぜそのようなことがいえるのか、壬申の乱の直前のどたばたの様子を、しばらく追いかけてみよう。

即位からわずか三年後の天智十年（六七一）九月、天智は病の床に就く。そして翌月、「天皇、疾病弥留《みやまひおも》し」とあり、かなり病気が進行していたらしいことがわかる。

天智は蘇我臣安麻侶《そがのおみやすまろ》を遣《つか》わして東宮《もうけのきみ》（この二文字も、皇太子を意味し、大海人皇子のことを指している）を呼び出し、大殿に引き入れた。

この、蘇我臣安麻侶を使いに出したというところに、多くの意味が隠されている。

『日本書紀』天武即位前紀には、

時《とき》に安摩侶《やすまろ》は、素《もと》より東宮《まうけのきみ》の好《よみ》したまふ所《ところ》なりとあり、安麻侶がもともと東宮（大海人皇子）と親しかったとある。そして、安麻侶が大海人皇子に、「お言葉にご注意召されますように」と忠告したというのである。

つい見逃しがちだが、すでにここに、いくつものドラマが隠されている。

まず安麻侶は、大海人皇子と親しく、だからこそ天智の病床に招かれた大海人皇子を心配し、天智に何かしらの奸計《かんけい》があることを告げたということになる。

それにしても、弟を呼び出すに際し、天智はなぜ、天武にとって有利になるような人選を行なったのだろうか。天智派の人間を送り込んでいてもおかしくはなかった。

そうではなく、この場面が想像以上に緊迫していて、大海人皇子の警戒心を解くには、本当に親しい人物を送り込まなければならなかったからだろう。なぜこのような推理を働かせるかというと、それはこのあとの経過をみればはっきりとする。

克明に描かれた壬申の乱

大海人皇子が病床に駆けつけると、天智は皇位を禅譲《ぜんじょう》しようと持ちかけた。

これは、どうにもおかしな話で、大海人皇子は皇太子なのだから、天智の病が治らなければ、そのまま自動的に皇位は移動するわけだから、ここであわてて譲位する必要もなかった。これは要するに、天智の罠だろう。大海人皇子が首を縦に振れば、その場で「やはり、そういう心づもりであったか」などなど、難癖《なんくせ》をつけて首をはねていたのではなかったか。

大海人皇子は蘇我安麻侶の忠告を受けたばかりだったから、即座に拒《こば》んでみせた。

「私はあいにく病身で、激務に耐えられません。願わくは、皇位を皇后陛下（蘇我氏の推していた古人大兄皇子《ふるひとのおおえのみこ》の娘の倭姫王《やまとのひめのおおきみ》）にお譲りください。そして大友皇子を立てて、皇太子にされればいいでしょう。私は今日出家して、陛下のために功徳を積もうと思います」

この申し出を天智が許すと、大海人皇子はそそくさと武器を捨て頭を丸め、電光石火のごとく近江を離れ、出家してヤマトの吉野宮《よしののみや》（奈良県吉野郡吉野町）に隠遁《いんとん》してしまったのである。

ある人物は、大海人皇子が吉野に逃れてしまったことについて、「虎に翼を着《つ》けて放てり」と臍《ほぞ》をかんだという。大海人皇子を生かして近江朝から遠ざけてしまったのは大失敗だったと嘆いているわけである。

このひと言が、天智を筆頭とする近江朝の本心であろう。大海人皇子が迂闊《うかつ》にも皇位継承を受諾していれば、命はなかっただろうし、それを祈っていたのは天智天皇だった。だからこそ、この宮中の殺気だった気配を蘇我安麻侶は敏感に感じ取り、大海人皇子に「くれぐれもご用心を」と、忠告したということであろう。

こうして大海人皇子は九死に一生を得て吉野に隠棲した。同年十二月に天智が崩御。こののち、大海人皇子と大友皇子は雌雄《しゆう》を決することになるのである。

『日本書紀』の言い分に従えば、先に手を出したのは大友皇子であったという。天武元年（六七二）夏五月、大海人皇子の舎人《とねり》の朴井連雄君《えのいのむらじおきみ》が、たまたま美濃《みの》に赴いたとき、近江朝の使いが山陵《さんりょう》を造る人間を集めていることを知ったという。ところが「人夫」たちは、武器を持たされていたので、これこそ近江朝の不穏な動きと察し、大海人皇子に通報したのである。

危急を知らせる情報は、これだけではなかった。別の者が報告していうには、近江の大津から飛鳥にいたるところどころに監視の兵士が配置されていること、また、菟道《うじ》の橋守《はしもり》に命じて、吉野に大海人皇子の食料を運ぶのを阻止しているという。

これらの報告を耳にして、あらためて情報が正しいのか調べ、大海人皇子はいよいよ危機が迫ったと判断した。

「私が王位を譲り遁世したのは、一人病を治し、天命を全うしたかったからだ。それなのに、否応なく災いに巻き込まれようとしている。どうして黙って滅ぼされるのを待っていられようか」

こうして大海人皇子は、わずかな人数で、東国目指して走ったのである。

こうして壬申の乱は始まった。そして、大友皇子率いる近江朝は、東国の軍事力を最大限に活用した大海人皇子の手で、あっけなく滅ぼされてしまうのである。

大友皇子は左右大臣とわずかな手勢を率いて逃れたが、逃げ場所を失い、山前《やまさき》（京都府乙訓《おとくに》郡大山崎町か）に隠れて、自害して果てた。何とも哀れな最期《さいご》であった。

神武東征も壬申の乱の焼き直し？

これらの『日本書紀』の記述を見る限り、正義は大海人皇子にあったことになる。しかし、違った見方もできる。

もしかりに『日本書紀』の記述とは裏腹に、大海人皇子の隠棲を大友皇子が静観したままでいたとしたら、先に動いたのは大海人皇子だったことになる。そして、この男の強い王権への意欲、権力への執着こそが、大友皇子を滅ぼし、また天智に迷いを生じさせた遠因だったかもしれないのである。

その証拠になるかどうかはわからないが、壬申の乱を制した後の天武は、「皇親政治《こうしんせいじ》」という、それ以前にもそれ以降にもなかった、特別な独裁体制を敷いている。これは、「暴君としての天武」を暗示しているのである。

そうであるならば、被害者は大友皇子で、壬申の乱は犯罪的事件であった可能性も否定できなくなる。

つまり、もしこちらのほうが真実に近かったのならば、天武天皇は真相の隠匿と、みずからの正義を主張すべく歴史書を編纂し、正当性を証明していたに違いないのだ。そして、このような動機があったからこそ、天武天皇が『日本書紀』の編纂を命じたのであって、『日本書紀』は天武天皇の都合のいいように脚色されているのではないかと疑われているのである。

たとえば、次のような直木孝次郎《なおきこうじろう》氏の有名な説がある。ヤマト朝廷初代天皇・神武は実在せず、ならばどのようにして東征説話が生まれたのかというと、実際には壬申の乱の焼き直しだったのではないかというのである。

直木氏は、『壬申の乱』（塙書房）の中で、神武東征と壬申の乱の共通点を、次のように列記している。

（1）大海人皇子は吉野から「東に向かい」、不破関《ふわぜき》（関ヶ原《せきがはら》）から反転し、近江の大津京を攻め落とした。これに対し神武は、日向《ひむか》（九州南部）から瀬戸内海を「東に向かい」、ヤマトを目指すが、長髄彦《ながすねひこ》の抵抗にあって敗走。その理由を「自分は日の御子《みこ》（太陽神の子）なのだから、東に向かってはいけなかったのだ」といい、大きく紀伊半島を迂回《うかい》する作戦を練った。

（2）大海人皇子は東国に逃《のが》れるとき、宇陀《うだ》（奈良県宇陀郡）を通っているが、神武も熊野《くまの》から吉野に入り、さらに宇陀を越えている。

（3）神武東征でも壬申の乱でも大伴氏が最大の武功をあげている。

（4）壬申の乱で物部麻呂《もののべのまろ》は、大友皇子に最後まで付き従ったが、のちに天武に許され、天武朝で抜擢されている。一方、神武東征に際し、物部氏の祖・饒速日命《にぎはやひのみこと》は、ヤマト土着の首長で神武に刃向《はむ》かった長髄彦と手を組んでいたが、長髄彦を裏切り、神武を迎え入れている。こののち物部氏は、朝廷で重用されている。

(5) 壬申の乱のさなか、神武陵に捧げものを奉《まつ》れという神託が降りたというが、『日本書紀』の中で、神武天皇は神武天皇紀のほか、ここまでまったく登場しない。

このような、二つの「ヤマト建国」の重なりは、本来は一つの事件であり、要するに壬申の乱を神話化したものが神武東征だったと直木氏は指摘しているのである。

本当に『日本書紀』は天武のために書かれたのか

こうしてみてくれれば、「『日本書紀』は天武天皇のために編纂された」という通説の推理は、もっともなことと思えてくる。

だが、よくよく考えれば、不可解なことは、一つや二つではない。

たとえば、直木氏の「神武東征＝壬申の乱焼き直し説」は史学界で重視されているが、一つひとつ考えていくと、神武東征が壬申の乱を焼き直したものとはいいきれなくなってくるのである。

直木氏は、壬申の乱、神武東征双方の功労者は大伴氏だったというが、実際にはこれは間違っている。のちに詳述するように、大海人皇子を勝利に導いたのは、東国の尾張《おわり》氏と蘇我氏であった。

次に、「乱後の物部氏の抜擢」だが、神武東征の場合、饒速日命は長髄彦に従属していたのではなく、饒速日命が「君」と仰《あお》がれていた。すなわち、神武は饒速日命から王権を禅譲されたのであり、壬申の乱の図式とは明らかに異なっている。

最後に指摘しておきたいのは、「行程がそっくりだ」と直木氏は唱えるのだが、行程が重なっているのは、わずかに吉野から宇陀までに過ぎないことだ。これを日本地図にして俯瞰《ふかん》すれば、二つのルートは「重なり」ではなく、「交錯」に過ぎないことがはっきりとする。それにもかかわらず二つの事件を同一とみなしてしまうのは、「神武東征は絵空事」という発想も手伝っているのだろう。だが、「ヤマト建国時にヤマトの王が西からやってきた」という話は、事実であったとしか思えない。なぜそう思うのかについては、のちに再び触れる。

とにもかくにも、壬申の乱と神武東征がそっくりという直木説をとることはできない。

それよりもここで問題なのは、これまでの古代史観が、六世紀以前の『日本書紀』の記述は曖昧で、ほとんど信用できないという発想だったところにある。そして、それもこれも、「『日本書紀』は天武天皇にとって都合のいいように書かれていた」という常識がつくり出してきた「読み間違い」にほかならないのである。

『日本書紀』の通説への疑問

1

直木孝次郎氏の唱える「神武東征=壬申の乱の焼き直し説」への疑問

Q1 神武東征と壬申の乱の共通の功労者は大伴氏

→ 実際は尾張氏と蘇我氏

Q2 神武東征と壬申の乱もともに、以後物部氏が抜擢

→ 実際は物部氏の祖は神武に王権を禅譲し、戦ったわけではない

Q3 神武東征と壬申の乱の行程がそっくり

→ 実際はわずかに吉野から宇陀までが、重なっただけ

2

『日本書紀』が天武天皇のために書かれたという通説への疑問

Q1 日本書紀の中で天武天皇の生年も年齢も不明

Q2 日本書紀の中で天武天皇の前半生が不明

↓

本当に天武天皇のために書かれたものなのか

それほど、『日本書紀』と天武天皇の関係は、古代史の根幹にかかわる問題なのであり、だからこそ、この「誤解」を解かない限り、古代史は一歩も前進しないといっても過言ではないのである。

『日本書紀』が天武天皇のために書かれたと仮定すると、わからなくなることはまだたくさんある。だいたい、天武天皇のために書かれたという『日本書紀』の中で、天武天皇の生年がわからず、天武天皇の年齢もはっきりしないなどということがありうるのだろうか。

年齢がわからないだけではない。天武天皇の前半生は、『日本書紀』の記述からはまったく見えてこない。

あらためて述べるまでもなく、天武は天智の実の弟だと『日本書紀』はいう。とすると、天武は天智＝中大兄皇子の大活躍した乙巳の変＝蘇我入鹿暗殺のときは、いったいどこで惰眠《だみん》を貪《むさぼ》っていたというのだろうか。この時代、天武の姿は『日本書紀』のどこにも見あたらない。

天武の描かせた『日本書紀』の中で、古代史最大の輝かしい事件に仕立て上げられた乙巳の変で、なぜ天武は蚊帳《かや》の外だったのか。

もっと不可解なのは、孝徳天皇の晩年から、天武はようやく歴史に姿を現すが、「大海人皇子」という立派な名前がありながら、「東宮」だとか「大皇弟」だとか、壬申の乱のときは「天皇」と呼ばれ、堂々と名前で呼ばれていないことである。

『日本書紀』は、「大海人皇子」の名を呼ぶのに何か、はばかりを感じていたのではないかとさえ思えてくるのである。

なぜ仇敵・天智を『日本書紀』は礼賛したのか

先ほど乙巳の変に天武が姿を現さないと記したが、だいたい、天武の仇敵《きゅうてき》である天智の青年時代が、なぜあれほどまでに礼賛されていたのかも、大きな謎である。

『日本書紀』があまりに中大兄皇子を称賛するものだから、たとえば中学生なら誰もが中大兄皇子を知っているだろうに、「大海人皇子を知っている？」と聞いても誰も答えられないだろう。

そう、『日本書紀』の不思議は、まずここにある。

不可解きわまりないのだが、天武天皇が編纂を命じたとされる『日本書紀』は、天武天皇のためにではなく、実際には天智天皇のために書かれたと考えれば、すべてのつじつまが合ってくるのである。

命を狙ってきた兄・天智の生涯を称賛するなどということは、普通ならありえない。しかし、そのありえないことを『日本書紀』はやっているのであり、ここに『日本書紀』の本当の謎が隠されているというべきであろう。

このことに、なぜ史学界は、ほおかむりをしたまま正視しようとしないのだろう。これも大きな謎なのである。

天武は天智を尊敬し、両者は本当は仲がよかった？　そうではあるまい。藤原氏の私的な文書『藤氏家伝《とうしかでん》』には、天智天皇と大海人皇子の仲の悪さがしっかりと記録されている。天智七年正月、天智天皇が琵琶湖《びわこ》のほとりに群臣を集め酒宴を開いたときの話だ。大皇弟（大海人皇子）が何を思ったか、長槍を床に突き刺したのだという。驚き怒った天智天皇は、大皇弟を殺そうとしたが、中臣鎌足《なかとみのかまたり》がこの場を取り持って事なきを得たというのである。どう考えても、天智と天武は、仇敵であり、近親憎悪と骨肉の争いが、壬申の乱にほかなるまい。天智と天武の不思議な関係は、そのまま中臣鎌足と天武の関係でもある。

壬申の乱の直前に中臣鎌足は亡くなるが、『懐風藻《かいふうそう》』の大友皇子を紹介する一節には、皇位継承問題にからんで、次のような記述がある。

それは、ちょうど唐から劉徳高《りゅうとくこう》が来日していたときのことだ。劉徳高は朝鮮半島で新羅が唐に反旗を翻したために、どうしてもヤマト朝廷を唐の味方に靡《なび》くように工作を試みていたと考えられる。このころ唐は軍隊を日本に派遣しているほどだから、偵察の意味もかねていたかもしれない。

その劉徳高は、大友皇子をさして、日本にいるのはもったいないほどの人物だと礼賛していたという。ただ、劉徳高の心配は、自身が見た不吉な夢だった。

天の門がからりと開き、朱色《しゅいろ》の衣を着た老翁《おきな》が、太陽（皇位を暗示している）を捧げ、大友皇子に与えようとしたのに、横から人がでてきてそれを奪い去っていったというのである。

この夢を怪しんだ劉徳高は、中臣鎌足に報告した。すると中臣鎌足は、次のように劉徳高に語っている。

「天智天皇崩御の隙に悪者が現れて、王位を狙おうとするかもしれません。しかし、天は公平であり、善行を積む者を必ずや助けるものです。大友皇子が徳を修《おさ》めているかぎり、災害や異変は別に何の心配もないのです」

といい、このあと、自分に娘がいること、その娘を大友皇子に嫁入りさせるので、心配召されるな……というような意味のことをいっている。

壬申の乱の弁明は天智のためだった？

なぜここで中臣鎌足の娘を大友皇子に嫁がせる必要があるのかは、よくわからない。それは置いておくとしても、ここで大切なことは、壬申の乱の直前、中臣鎌足が大友皇子の即位を願っていたこと、しかも大友皇子の皇位継承の邪魔だてをする者は「悪者」と罵倒している点である。

もちろん、これは物語の中の一節なのだから、真剣に取り上げるべきではないかもしれない。しかし、これが『懐風藻』の編者の中臣鎌足のイメージであったことは確かだろうし、実際、中臣鎌足は天智天皇の懐刀《ふところがたな》として活躍し、天智天皇が大友皇子の即位を願っていたとすれば、当然これを後押ししていたに違いない。

さらに、壬申の乱の勃発のタイミングを考えてみよう。

大海人皇子が吉野に隠匿してカタツムリのようにじっとしていたのに、唐突に東国に向かったのは、本当に「大友皇子が先に動いたから」なのだろうか。『日本書紀』の一連の記述は、「臨場感」がなく、いかにも後から付け足した「弁明」のように思えてならない。

そしてその「弁明」とは、通説がいうように、「天武側の事件の正当化」のための「弁明」ではなく、むしろ逆で、天智や中臣鎌足側の「弁明」のために、大海人皇子の東国行きの本当の理由を誤魔化したのではないかと思えてならない。というのも、大海人皇子の東国行きの直前、唐の軍隊が日本を去っていたからであり、大海人皇子は吉野で、ひたすらその情報を待っていたと考えられるからである。

天武が即位してのち、天武はかつてないほどの「親新羅外交」を貫いている。これは、重要な意味を持っている。なぜなら、親新羅外交は、唐と敵対することにつながったからであり、ここに天武の東国行きの謎を解く大きなヒントが隠されている。

すなわち、大海人皇子が動く気配を見せず、「戦意喪失」を強くアピールしたのは、北部九州の唐の大軍から身を守るための「擬態」だったと思いいたるのである。

問題は、壬申の乱の勃発が、「唐がいつ日本から去るのか」にかかっていて、しかもその事実を『日本書紀』が抹殺しようとしたことであり、それがなぜかといえば、天智のしでかした外交政策の大失敗を、後世に残したくなかったからだろう。それほど百済遠征は馬鹿げた戦争だったし、天智は「進駐軍＝唐」の軍門に降ってしまったのだった。当時の人びとがこの天智の失態を非難していたことは、すでに触れたように、柿本人麻呂の万葉歌《まんようか》からもほぼ明らかだ。

白村江の敗戦によって、日本は東アジアで孤立し、その失政を大海人皇子が非難して民衆や豪族がこれを支持していたのだと仮定すれば、この時代の多くの謎が解けてくる。大海人皇子が正規軍に裸一貫で立ち向かい、雪崩《なだれ》のような勝利を収めてしまうのも、天智や大友皇子の人気がなかったからだろう。この事実を、『日本書紀』は隠し通したかったのではなかったか。

大海人皇子と大友皇子のどちらが政権を奪うかは、単なるお家騒動ではなく、国家戦略、外交戦略をめぐる政争でもあったことになる。「唐や百済と天智」、これに対し「新羅と大海人皇子」のつながりがあって、大海人皇子は百済一辺倒だった天智の政策を根底から覆《くつがえ》そうとしていた、ということであろう。

不可解きわまりない乱の戦闘シーン

もう一つ興味深いことがある。

それは、壬申の乱の戦闘シーンだ。

壬申の乱の様子は、なんといっても『日本書紀』にくわしい。特に、最終決戦となった瀬田橋の争奪戦の描写は、まるで『平家物語』を読んでいるのかと錯覚するほど、華やかで詳細である。

ただ、『日本書紀』の「壬申の乱のクライマックス」を紹介する前に、まず、『古事記』序文に記された壬申の乱の天武天皇の活躍を先に、ここに記しておこう。それは、おおよそ次の通りである。

天武天皇は天子たる徳を備えられ、自らも皇位を嗣《つ》がれることを悟られていた。しかし、機が熟さず、セミが脱皮するように出家し吉野に逃れ、心を寄せる人びとが集まったので、まるで虎が闊歩《かっぽ》するように、天皇の輿《こし》は東の国に向けて進まれ、山川を越えて行かれた。その軍勢はまるで雷のように威をふるい、稲妻のように進んだ。矛《ほこ》が威圧し、勇猛な兵士が土煙を巻き上げた。赤く染めた旗は兵器を輝かせ、「兇《あ》しき徒《ともがら》(悪い奴ら)」は、瓦《かわら》の割れるように散り散りとなり、瞬《また》く間に妖気はおだやかになった。

こうして戦いは終わり、牛馬を休ませ、心安らかに都に帰って行かれたのである……。

このような『古事記』序文の壬申の乱における天武の活躍と、その華やかな行軍シーンは、まさに『古事記』が天武天皇の功績を顕彰するために記されたことを明確にしている。しかも、大友皇子らの近江朝を指して、「兇しき徒」と呼んでいる。この場合、正義の基準は、明らかに天武側にあることがはっきりとしている。

ところが、『日本書紀』の場合、このような図式を当てはめることができない。

なぜそのようなことになったのか、壬申の乱のクライマックスの情景を以下に記しておこう。

天武元年七月二十二日。すでに大海人皇子のさし向けた村国連男依《むらくにのむらじおより》の軍勢は、瀬田（滋賀県大津市瀬田）に到着し、いよいよ大友皇子の近江京は目の前となり、最後の決戦は始まろうとしていた。そこで村国連男依は、瀬田の橋の東に陣を敷いた。

これを迎え撃つのは、大友皇子と群臣たちであった。橋の西側に陣をとったが、最後尾が見えないほどの大軍であった。旗や幟《のぼり》は野を覆《おお》い尽くし、砂埃《すなぼこり》は天にのぼり、鉦《かね》や太鼓《たいこ》の音声《おんじょう》は数十里先までとどろき、放たれる矢は雨のように降り注いだ。

近江朝の将・智尊《ちそん》（正体不明）は、精兵を率いて男依の攻めかかるのを防いだ。まず橋の真ん中を三丈分切り取り、渡れないようにすると、そこに板を渡して、敵兵がそれを渡ってくると板を引っ張って突き落とし、奮戦すること甚だしかった。

しかし、やがて男依側の猛将・大分君稚臣《おおきだのきみわかおみ》が出現し、智尊も力尽き、近江軍は敗走したのである。

これが『日本書紀』に記された、近江朝最後の合戦である。

あべこべなことに、気づかれただろうか。

本来、旗や幟が野を覆い尽くし、砂埃が天にまで届くような陣容を誇っていたのは大海人皇子の村国連男依の陣でなければならないはずなのに、なぜ大友皇子の陣容の華々しさが記されているというのだろう。

普通なら、『古事記』のように、近江朝を指して、「兇しき徒」と罵《ののし》るべきではなかったか。

なぜ『日本書紀』は尾張氏の壬申の乱での活躍を抹殺したのか

不思議なことはまだたくさんある。

壬申の乱で天武のために獅子奮迅《ししふんじん》の活躍をしておきながら、『日本書紀』にその様子がまったく記されていない氏族が存在するのである。

それが、東国の雄族・尾張氏である。

なぜ『日本書紀』が尾張氏を無視していることがわかるのかというと、『日本書紀』の次に記された正史『続日本紀《しょくにほんぎ》』の中に、尾張氏の壬申の乱における活躍の様子が記されていたからである。

この間の事情を、少し説明しておこう。

『日本書紀』が描いた壬申の乱における謎

謎1

吉野にじっと隠棲していた大海人皇子がなぜ動き出したのか?

→「大友皇子が先に動いたから」という『日本書紀』の記述は信用できない

謎2

『古事記』の中では天武軍の勇壮な行軍シーンが記述されているが、『日本書紀』では敵方の大友皇子軍の華やかな陣容が描かれているのはなぜか?

→普通なら、敵方の陣容を誉めることはしない

謎3

『日本書紀』では壬申の乱で大きな役割を果たした東国の雄・尾張氏の記述がないのはなぜか?

→『続日本紀』にはその活躍が記されている

『続日本紀』霊亀《れいき》二年（七一六）四月の条には、壬申の年の功臣の子らに田を賜ったという記事がある。その中には、先に登場した村国連小依（男依）の子どもを筆頭に、何人かの名があり、その中に尾張宿禰大隅《おわりのすくねおおすみ》の子・稲置《いなき》がいる。

さらに天平宝字《てんぴょうほうじ》元年（七五七）十二月には、村国連小依らの功田《くでん》を二世に伝えさせたが、尾張宿禰大隅も名を連ねている。

そして、『続日本紀』は、大海人皇子が吉野を逃れ東国に入ったとき、尾張宿禰大隅が出迎えたことを、次のように伝えている。

> 時《とき》に大隅参《おほすみまゐ》り迎《むか》へて導《みちび》き奉《まつ》り、私《わたくし》の第《てい》を掃《はら》ひ清《きよ》めて、遂《つひ》に行宮《かりみや》と作《な》し、軍資《いくさのもと》を供《そな》へ助《たす》けき。その功実《こうまこと》に重《おも》し

つまり、大隅は大海人皇子を出迎え、私邸を掃き清めて行宮《あんぐう》とし、軍資を供与した。その功績は実に重大だ、とするのである。

壬申の乱で大海人皇子に荷担していた尾張氏を、なぜ『日本書紀』は無視してしまったのだろう。尾張氏はどう考えても壬申の乱最大の功労者であった。

『日本書紀』によれば、大海人皇子が東国に逃れたという情報が近江朝に伝わると、兵士たちは先

を争って散り散りに逃げてしまったと記録されている。東国の雄族・尾張氏が大海人皇子に荷担したことの重大な意味を、彼らは熟知していたからだろう。

しかも、尾張氏と天武天皇は、それ以前から深くつながっていたらしい。というのも、天武天皇の葬儀で、尾張氏の同族・大海《おおあま》氏が壬生《みぶ》の誄《しのびごと》を行なっている。ここにある壬生は乳部《みぶ》でもあり、要するに、葬送の場で大海氏は大海人皇子の幼少時代の様子を述べていたのだ。このことは、大海氏が大海人皇子の養育係であった可能性を示している。そして、天武が大海氏と強い絆で結ばれていたからこそ、その名が「大海人皇子」であった可能性は非常に高いのである。

それほど密接な関係にあった大海氏や尾張氏であったならば、そして、天武天皇を顕彰する目的で『日本書紀』がつくられたのなら、なぜもっとも近しい氏族を無視する必要があったというのだろうか。

なぜ蘇我が天武に近しいのか

尾張氏の謎は、もう一つの氏族の謎とも結びつく。それが蘇我氏なのである。

壬申の乱における蘇我氏の動きは、実に奇怪だ。

すでに触れたように、天智と天武が袂《たもと》を分かつとき、天武の命を救ったのは蘇我安麻侶だった。

『日本書紀』は天武と蘇我安麻侶が、かねてより昵懇《じっこん》の間柄にあったという。

天武を救った「蘇我」は、安麻侶だけではない。その様子は、『日本書紀』の壬申の乱の記述の中に記されている。

東国に逃れた大海人皇子は、東国の兵をまとめ上げた。そして、不破関（関ヶ原）から近江に向けて、数万に上る正面軍を進軍させた。これに対し近江側は、山部王《やまべおう》を総大将に、蘇我臣果安《そがのおみはたやす》、巨勢臣比等《こせのおみひと》らに、やはり数万の兵を授《さず》け、東に向かわせたのだった。

犬上川《いぬがみがわ》（滋賀県犬上郡と彦根《ひこね》市を流れ、琵琶湖に注ぎ込む）を挟んで両軍は対峙《たいじ》し、いよいよ激突というその瞬間、信じられないことが起きた。蘇我臣果安が、味方の総大将山部王を殺害し、近江軍は霧散《むさん》してしまったのである。

蘇我臣果安はその場で自害して果てたが、この戦い（実際には戦闘もなかった）が、壬申の乱の大局を決めたといっても過言ではなく、大海人皇子勝利の貢献度という点に関して、蘇我臣果安の「活躍」を無視することはできない。

蘇我臣安麻侶といい、蘇我臣果安といい、なぜ近江朝の重臣だった蘇我氏は、大海人皇子のために体を張ったのだろう。

もし通説の示す通り、『日本書紀』が天武天皇の都合のよいように書かれたとして、なぜ天武の勝利を確実なものにした尾張氏の活躍を抹殺してしまったのか。そして、なぜ尾張氏と同等か、それ以上の働きをした蘇我氏を、『日本書紀』は罵倒して、大悪人と決めつけたのだろう。

本当に『日本書紀』は、通説の示す通り、天武天皇のために書かれたのだろうか。この動かし難い常識を一度ご破算にして、振り出しから歴史を整理してみてはどうだろうか。

たとえば、『日本書紀』の編纂に藤原不比等《ふじわらのふひと》が大いにかかわっていたのではないかとする説は、近年とみに高まっている。これはむしろ当然のことで、『日本書紀』が完成した西暦七二〇年頃、すでに藤原不比等は藤原千年の基礎を築きつつあったのだ。もちろん、反藤原勢力がまったくいなかったわけではない。だが、藤原不比等が朝堂をリードし、強力なリーダーシップを取っていたことは、ほぼ間違いない。

いうまでもなく、この人物は中臣鎌足の子であり、中臣鎌足は天智天皇の懐刀だったのだから、『日本書紀』がむしろ天智天皇をひいきにしているかのような印象を受ける理由も、はっきりとしてくるのではあるまいか。

すなわち、『日本書紀』は天武天皇のために記された歴史書なのではなく、天武天皇の死後の政権にとって都合のいい歴史書なのであって、残された問題は、『日本書紀』編纂時の政権が、はたして天武天皇の遺志を尊重していたのかどうかにかかってくるのである。

なぜ天武王家で藤原不比等が出世できたのか

大きな謎は壬申の乱の直前、大友皇子の即位を願い、大海人皇子を「邪魔者」とまで思っていた中臣鎌足の子の藤原不比等が、どうした理由で天武王家の重臣として復活したのか、ということではあるまいか。

天武の即位を願わなかった「藤原」の御曹司《おんぞうし》が、天武系の王家でどんどん出世していったのは、どうにも解《げ》せない事態ではあるまいか。

そこで、藤原不比等の出現がどのようなものだったのか確かめておきたい。

藤原不比等の『日本書紀』における初出は、持統三年（六八九）二月の条で、そこには、藤原朝臣史《ふひと》の名で登場し、判事《ことわるつかさ》に任命するという記事があり、しかもそのときの位が直広肆《じきこうし》だったという。

ここにいう判事とはなんだろうか。

養老《ようろう》律令の規定によれば、刑部省《ぎょうぶしょう》に大判事二人（正五位下）、中判事四人（正六位下）、少判事四人（従六位下）とあり、刑部省は現代ふうにいえば法務省《ほうむしょう》で、判事は裁判官に当たる。もっとも、このとき、「刑部省」という名の役所が本当にあったのかどうかははっきりしない。ただし、律令をつかさどる役所があったことは間違いない。要するに、藤原不比等は法の番人の役目を仰せつかったわけである。

のちに藤原不比等は律令整備に参画するから、まさに不比等は「法律畑」を歩んでいったことになる。

ところで、この藤原不比等の初出記事は、いろいろ問題を抱えているように思われる。まず、直広肆は大宝令制における従五位下に当たるが、従五位下というのは、下級役人ではない。貴族社会の入口であった。

大宝律令《たいほうりつりょう》(七〇一年施行)には、原則的に試験を受けて合格者が登用されるという、いまから考えればおそろしいほど近代的な役人制度があったが、これにはカラクリがあった。貴族の子どもみ二十一歳になると、下級役人の頭越しに高い地位にありつける「蔭位《おんい》」という制度が用意されていたのだ。

下級役人の場合、初位から八位、七位と、仕事ぶりによって徐々に階段を上っていくのだが、現実には、上級官僚にまでたどり着くことはできなかった。つまり、高級官僚の子弟が次世代の朝堂を自動的に牛耳ることができるという実質的な貴族世襲制なのであった。

そして問題は、従五位下の役職に最初からありつけるのは、父親が「一位」に登りつめた者であって、藤原不比等の場合、父親が死ぬ間際、当時の最高位である「大織冠《たいしょくかん》」と「大臣」の位を授かっているから、これに該当するわけである。

ただし、藤原不比等が従五位下相当の官位で歴史に登場したのが三十歳を過ぎてから(おそらく三十一歳。生年が正確にはわかっていない）であって、律令の規定にある「二十一歳」にはかなりの開きがある。

とするならば、天武朝で藤原不比等は冷や飯を喰わされ、持統朝でようやく働く場を与えられたということではなかったか。

上田正昭《うえだまさあき》氏は『藤原不比等』（朝日選書）の中で、『尊卑分脈《そんぴぶんみゃく》』に残された藤原不比等にまつわる次の記録に注目している。

すなわち、藤原不比等は、理由があって山科《やましな》の田辺史大隅《たなべのふひとおおすみ》の家に身を潜めていた。それで「史（不比等）」の名がつけられたのだ、というのである。

これを受けて上田氏は、藤原不比等が政治の表舞台になかなか立てなかったのは、壬申の乱の影響が尾を引いていたからだろうと推理している。

彼が天武朝においてよりもつぎの持統女帝の朝廷のころより急速に頭角を現わすのは、たんに年齢だけの問題とはいえない事情があったのではないか。ここにも壬申乱離をめぐるかくされた不比等像の襞《ひだ》が宿る

つまり、父親の中臣鎌足が朝堂のトップに立ちながらその七光りに与《あずか》れなかったのは、壬申の乱

の直前、中臣鎌足が大友皇子寄りにあったからということになる。

その通りであろう。まさに藤原不比等は、壬申の乱を制した天武天皇の在世中は、不遇だったと考えざるを得ないのである。

だがそうなると、新たな問題が浮上してくる。なぜ天武朝で冷や飯を食わされていた藤原不比等が、天武の皇后だった持統の手で大抜擢されたのか、ということだ。持統は本当に天武の味方だったのだろうか。

『日本書紀』に記された天武と持統の仲のよさ

あるいは通説は、このような疑問を鼻で笑うかもしれない。「持統が天武の遺志を継いだことは『日本書紀』にしっかりと記録されているではないか」と。

確かにその通りで、『日本書紀』が天武天皇のために書かれたという推理は、『日本書紀』の中で、天武と持統が比類ないほど仲のいい夫婦だったと記されていることからも導き出せるのである。

それでは、『日本書紀』には具体的にどのようなことが書かれていたのだろう。

まず、持統天皇称制前紀の冒頭には、持統天皇について、次のように記されている。

高天原広野姫天皇《たかまのはらひろのひめのすめらみこと》（持統天皇）は、若い頃は鸕野讃良皇女《うののさららのひめみこ》といった。持統は落ち着き払い、重々しい性格だった。斉明三年に大海人皇子に嫁ぎ、妃《きさき》となった。名家の出ながら（誰の娘であるのかは、のちに再び述べる）、礼を好み、整って欠けるところがなく、母親としての徳を備えられていた。天智元年に草壁皇子《くさかべのみこ》を出産された。

天武天皇元年の夏六月、大海人皇子に従って吉野から東国に逃れ、壬申の乱を夫とともに制した。

さらに、『日本書紀』は次のように続けている。

持統は、最初から最後まで天武に付き従い、意見を述べ補佐し、ともに天下を定めた、というのである。

このように『日本書紀』が言い切る根拠は、天武天皇紀の中に詳細に語られている。二人の間柄を証明するのは、どうやら「薬師寺《やくしじ》」ということになるらしい。

天武九年（六八〇）十一月。皇后（持統）が発病した。そこで天武は、薬師寺造営を発願《ほつがん》し、百人の僧を得度《とくど》（出家）させた。すると、たちまち皇后の病は快方に向かったという。

ところが、今度は天武が病の床に伏してしまったので、持統は夫がやってくれたのと同じように、百人の僧を得度させた。するとやはり、天武の病気もすぐに治ったという。

持統の病気を治すために建てられた寺が「薬師寺」であり、まさに寺の名そのものが「薬師＝医療」なのだから、天武の持統に対する思いやりが、物証として残ったわけである。

天武天皇崩御後の持統の活躍も、夫婦の絆の強さを証明している。というのも、天武天皇の悲願

天武天皇が皇后（後の持統）の病気治癒を願った薬師寺建立（奈良県奈良市西ノ京町）と持統による天武天皇の悲願だった浄御原令の整備で夫婦の絆の強さが証明されたはずだが……。

▲薬師寺東塔

◀浄御原宮跡（奈良県高市郡明日香村）

だった浄御原《きよみはら》令の整備は、持統の在世中になされた。この法令こそ、のちの大宝律令、養老律令の先駆けとなったものであり、本格的な律令を定着させる下準備ができ上がった。

天武天皇が夢なかばで倒れ、これを持統天皇が引き継いだという図式が、ここに成り立つわけである。

そして、大宝二年（七〇二）十二月に持統が崩御。史上初めて火葬され、遺骨は天武がすでに眠っていた大内《おおうち》山陵に仲睦まじく合葬されたのである。

天武は持統に冷淡だった？

持統と天武の仲のよさは、持統本人の証言からもうかがい知ることができる。天武の死後、天武を恋偲《しの》ぶ歌を『万葉集』に残しているからだ。巻二・一五九〜一六一の「天皇崩《すめらみことかむあが》りましし時の大后《おほきさき》の御作歌《みうた》一首《いっしゅ》」と、「一書に曰はく、天皇崩りましし時の太上天皇《だいじょうてんのう》の御製歌《おほみうた》二首」の三首がそれだ。

特に最初の歌の最後は、「衣の袖《そで》は、乾く暇もない」としめられている。ありし日の天武天皇の姿を思い出しては、泣きはらしていたというのである。

だがこれは、持統の本心なのだろうか。袖で隠していた顔は、涙に濡れていたのではなく、実際には満面の笑みに湛《たた》えられていたのではあるまいか。

なぜこのような意地の悪い推理を働かせるのかというと、これにははっきりとした根拠があるからだ。

まず第一に、どうにも不可解でしようがないのは、もし『日本書紀』がいう通り、天武と持統が相思相愛であったならば、なぜ『万葉集』の中に、天武が持統を慕う歌が一首も残されていないのだろうか。

というのも、天武は多くの女人との間に、洒脱《しゃだつ》で機知に富んだ、恋の歌のやりとりを繰り広げているにもかかわらず、持統には、まったく歌を贈っていないからである。

そこで、『万葉集』に残された天武天皇の恋愛の歌をいくつか取り上げてみよう。『万葉集』巻二・一〇三と一〇四には、藤原夫人《ふぢわらのぶにん》との間にかわされた、しゃれっ気たっぷりの次のような歌が残されている。まず、天武天皇から藤原夫人に贈られた歌が次の一首だ。

天皇、藤原夫人《ふぢはらぶにん》に賜《たま》ふ御歌一首
わが里に大雪降れり大原《おほはら》の古《ふ》りにし里に落《ふ》らまくは後《のち》
［訳］わが里には大雪が降ったぞ。大原などの古びた里に降るのは後だろう。（さすがにわたしのいる所は大したものだろう）。
（『日本古典文学大系四　萬葉集一』岩波書店）

これに対して、藤原夫人は、「その雪は、私の住んでいる岡の水の神に命じて降らせたもの。その雪が砕けてそちらにも降ったのでしょう。そんなに得意になられて、笑ってしまいます……」と返事を出している。

このような無邪気な歌を残す天武であるならば、そして『日本書紀』がいうように、「正妻」の持統を心から愛していたのなら、『万葉集』に一首ぐらい歌が残されているはずなのに、まったくないのはどうしても理解できないのである。

たとえば、額田王《ぬかたのおおきみ》と天武の悲しい恋の話はあまりにも有名だが、『万葉集』巻一・二〇と二一には、額田王が天武の元を離れ、天智に引き取られたのちの、「元恋人と人妻」のきわどいやりとりが残されている。

このように、天武が「恋多き男」であるならば、なぜ持統に歌を贈っていないのだろうか。天武と持統の仲は、実際には冷え切っていて、「仮面夫婦」が実態ではなかったか。

なぜこのようなことにこだわるのかというと、これまで持統は天武を愛し、天武の遺業を引き継いだと考えられていて、この前提があったからこそ、『日本書紀』は天武天皇のために書かれていたと信じられてきたからである。

だが、二人の間に大きな亀裂が入っていたということが証明されれば、このような『日本書紀』に対する考え方は、根本から見直さなければならなくなるのである。

持統天皇の怪しい行動

持統天皇の行動の怪しさは、天武天皇の崩御ののち、息子の草壁のライバルだった大津皇子を謀略によって抹殺したあたりから際立ってくる。しかもその三年後、天武と持統の間の子で皇太子だった草壁皇子が即位することなく病没してしまった。

なぜ持統は、大津というライバルを抹殺したにもかかわらず、すぐさま草壁を即位させなかったのだろうか。

ややあって草壁皇子も亡くなり、ここに正式な皇位継承候補が消えてしまい、天武の数多《あまた》いた

天武天皇と持統天皇の本当の関係とは?

『日本書紀』の記述では……

天武天皇と持統天皇は比類ないほど仲のよい夫婦

だから……

天武天皇の遺志を継ぐ持統天皇

→疑わしい構図!

理由 『万葉集』の中には天武が持統を慕う歌が一首もない!

天武の恋の歌が多く載る『万葉集』に愛する持統への歌がない! ということは……

実は 仮面夫婦

皇子たちが虎視眈々《こしたんたん》と皇位継承権を主張し出すという混乱が始まっていたはずなのである。

ところがここで、さらに奇怪な事態が起きる。天武の皇后という地位を利用して持統が即位してしまったのである。

これが驚天動地の事件であったことについて、通説はあまりに無頓着だ。なぜなら、持統天皇は天智天皇の実の娘であり、いくら天武の皇后だったとはいえ、壬申の乱で対立した天智と天武の二つの王家の過去を勘案すれば、しかも壬申の功臣が多く残るこの当時の朝廷にあって、天武の死後持統が王位を継承するなどということは、常識では考えられないからである。

星の数ほどいた天武の皇子の誰かが皇位を継承するのが筋というもので、ここには、かなり強引な手口が隠されていたとしか思えないのである。

そして話は、ここにいたり、ようやく先ほどの藤原不比等に戻る。

これまでのいきさつを加味すれば、藤原不比等が持統朝で頭角を現すことの重大な意味に気づかされるからだ。というのも、藤原不比等が『日本書紀』に初めて登場する持統三年は、まさに持統が即位をする直前であり、このタイミングに「天武の敵」であったはずの藤原不比等が歴史の表舞台に登場してきたことは実に暗示的だからである。

なにしろ、しつこいようだが、持統は天智天皇の娘であり、かたや藤原不比等は中臣鎌足《なかとみのかまたり》の息子であった。とするならば、持統と藤原不比等のコンビは、そのまま天智（中大兄皇子）と中臣鎌足のコンビの再来にほかならなくなるのである。

これでは、壬申の乱の前と後の図式が、再び入れ替わってしまったことになる。これは、一種の無血クーデターではあるまいか。

実際、持統と不比等に関しては、奇妙な記録が残されている。それは、持統天皇の宮は藤原不比等の私邸に置かれたというものだ（『扶桑略記《ふそうりゃっき》』）。

この伝承がどこまで正確なのかははっきりしないが、少なくとも、持統の即位を正当化する根拠が乏しかったこと、多くの皇族や群臣が反発していた可能性をいまに伝えている。少なくとも、持統三年に判事に抜擢された藤原不比等と持統の関係がただならぬものであったことを想像させるに

持統天皇と藤原不比等が起こした無血クーデター

天武天皇の崩御 → 本来ならば皇太子が即位

But 奇怪な事態に!

（天武の妻）**持統天皇の即位**
天武天皇と対立した天智天皇の実娘!

＋

藤原不比等の登場
天武天皇の敵!

持統天皇と藤原不比等のコンビ誕生

＝

〈中大兄皇子〉　〈藤原鎌足〉
天智天皇と中臣鎌足のコンビの復活!

は、十分な資料なのである。

そして、このの ち、藤原不比等は律令編纂に活躍し、右大臣というナンバーツーの要職に駆け上がった。さらに、ときの左大臣・物部麻呂を平城京《へいじょうきょう》遷都に際し、旧都藤原京《ふじわらきょう》に置き去りにしてしまうという何とも人を喰ったやり方で、実質上朝堂ナンバーワンの地位を手にしている。

平城京遷都が西暦七一〇年、『日本書紀』編纂が七二〇年であり、このころすでに、藤原不比等は天皇家をある程度コントロールするだけの力を持ち、また、諸豪族の不満をおさえ従属させる知恵を働かせていたから、『日本書紀』編纂も「権力者・藤原不比等」の強い影響を受けて誕生したと考えるのが普通である。

つまり、こうしてみてくると、『日本書紀』が天武天皇のために書かれたという常識は、実に心許《こころもと》なくなってくるのである。なにしろ、天武天皇の死後、まさかの事態が起き、天智の娘が王位を奪い、さらに天智の懐刀・中臣鎌足の息子が権力を掌握していたからである。

とするならば、『日本書紀』が天武天皇のために書かれていたというのは見せかけだけであって、実際には、持統や藤原不比等にとって都合のいい文書だったのではないかと思いいたる。そうすると、『日本書紀』は天智（中大兄皇子）と中臣（藤原）鎌足を礼賛していたのだということが、すんなり理解できてくるのである。

持統と不比等による「新天智王家」の誕生

持統天皇と藤原不比等は「天武王家」を乗っ取り、知らぬ間に「持統女帝」から始まる「新天智王家」を創出していたのではないかという疑いは、『日本書紀』の記述からも湧いてくるのである。

これはよく指摘されることだが、神話の女神・天照大神《あまてらすおおみかみ》は持統天皇をモデルにしたのではないかという疑いがある。

なぜそのようなことがいえるのかというと、天孫降臨《てんそんこうりん》神話と持統天皇の後の皇位継承の系譜が、瓜《うり》二つだからである。

神話の中で、天照大神は高皇産霊尊《たかみむすひのみこと》の主導のもと、まず子どもの天忍穂耳尊《あめのおしほみみのみこと》を地上界の支配者にしようと目論む。ところが、この直後、天照大神は気が変わり、孫の天津彦彦火瓊瓊杵尊《あまつひこひこほのににぎのみこと》を真床《まとこ》追衾《おりふすま》にくるんで地上界に降臨させたのである。いわゆる天孫降臨神話がこれであり、天津彦彦火瓊瓊杵尊こそが、「皇祖神」といわれている天皇家の祖神に当たるのである。

まず、ここに登場する天照大神だが、この日本を代表する女神には、ちょっと不思議なところがある。

たとえば、『日本書紀』の神話の中で、初め天照大神は大日孁貴《おおひるめのむち》という名で登場している。孁は一文字で神に仕える「巫女《みこ》」を意味しているから、大日孁貴は「大日巫女」となり、邪馬台国《やまたいこく》の

「卑弥呼《ひみこ》（日巫女《ひのみこ》）」を指しているのではないかという話は有名だ。

問題は、「日巫女（大日孁貴）」が「太陽神」の意味ではなく、あくまで「太陽神に仕える巫女」を意味していることで、このあとの『日本書紀』の別伝に、大日孁貴が天照大神と名を変えて登場しているのは、大いなる矛盾なのである。

繰り返すが、「大日孁貴」は太陽神に仕える巫女であるのに対し、天照大神は太陽神そのものを意味しているからである。

なぜこのような根本的な矛盾が放置されているのか、謎は残される。

通説は、本来は太陽神を祀《まつ》る巫女であった者を神格化する過程で、祀る者が祀られる者に昇華していったのだろうとしているが、どうにも納得できる説明ではない。

だいたい、「太陽神」は光を与え続ける「陽」の性格であって、男性が本来の姿なのだ。女性は光を浴びて輝く「陰」の性格をもち、天体でいうと「月」に相当する。

天照大神が祀られる日本で最高の社格を誇る伊勢神宮《いせじんぐう》も、本来は土着の男性の太陽神が祀られていたところへ、ヤマト朝廷の女神・天照大神が割り込んでいったのだろうというのが通説の考えだ。しかも、伊勢神宮の祭祀形態が現在のような形になったのは、天武天皇や持統天皇の時代であった可能性が高く、とするならば、持統天皇にとって、太陽神が女性であったほうが都合のいい理由があった可能性がある。

そこで天照大神から天津彦彦火瓊瓊杵尊に続く系譜を思い浮かべれば、一つの事実に気づかされる。それは何かというと、高天原《たかまのはら》の天照大神が初め子どもの天忍穂耳尊を地上界に下ろそうとするが思いとどまり、天津彦彦火瓊瓊杵尊に替えたことだ。

この天照大神の行動が、持統のそれにそっくりなのである。というのも、持統の息子で皇太子だった草壁が、天武の死とともに即位してもおかしくはなかった。しかし三年の空白の後、草壁は病没してしまったのである。

草壁に代わって王位を継承したのは、持統の孫に当たる文武天皇であった。これはまさに、「天忍穂耳尊のピンチヒッターとしての天津彦彦火瓊瓊杵尊」という天孫降臨神話そのものといえる。

さらに神話では、天孫降臨を主導した高皇産霊尊という謎めいた神が存在する。この高皇産霊尊こそが藤原不比等を神格化したものであり、天津彦彦火瓊瓊杵尊はまさに天照大神の系譜と高皇産霊尊の系譜が重なってできた御子であり、このような神話は、持統系の皇統に藤原の血を足して生まれた文武天皇の子・首皇子《おびとのみこ》（のちの聖武《しょうむ》天皇）なのだろうとする説もある。

要するにこういうことであろう。『日本書紀』は七世紀末の飛鳥の混乱と持統の即位、さらにはその後の政局の流転を、天孫降臨神話の中で再現してみせ、一つの「正当性、正統性の証明」をやってみせたのだ。

すなわち、持統天皇が天照大神であり、その孫の文武や曾孫の聖武が皇位を継承する必然性を、神話の時代に遡って強調したわけである。

それだけではない。神話の中で本来男性であった太陽神をわざわざ女神にすり替えたことは、重大な事実をわれわれに突きつけている。

もし仮に通説通り、『日本書紀』が天武天皇のために書かれていたのなら、天武天皇は太陽神になぞらえられていたかもしれない。だが、『日本書紀』は天皇家のもっとも重視する神を「女神だった」と主張している。

本来ならば、壬申の乱を制し、新たな王家が誕生したのだから、この王家の正統性や正当性を証明する必要があった。だからこそ、通説も『日本書紀』は壬申の乱を正当化する目的があったとしたわけである。

ところが、『日本書紀』の神話は、天皇家の頭に「女神」を据えたのである。

この女神が持統天皇であったことは、『日本書紀』に記された天武と持統二人の和風諡号《わふうしごう》を見比べればはっきりとする。

というのも、天武のそれは天渟中原瀛真人天皇《あまのぬなはらおきのまひとのすめらみこと》で、持統は高天原広野姫天皇《たかまのはらひろのひめのすめらみこと》というからである。

前者は、道教思想の仙人のイメージであるのに対し、「高天原」の名を冠した高天原広野姫天皇は、天上界の支配者のイメージであり、天照大神そのものを指していることは明らかである。

作られた皇子「建皇子」の背景とは？

こうして、『日本書紀』という歴史書の不思議な図式があぶり出されてきたのである。だが、よくよく考えてみれば、これは不思議なことでも何でもなかったのだ。『日本書紀』は天武天皇の死後数十年を経て完成している。したがって、正確にいえば、『日本書紀』は天武天皇の死後数十年後の政権にとって都合のいい歴史書だったのであり、その「政権」を牛耳っていた権力者こそが、『日本書紀』の記述を大きく変えうる人物だったわけである。

つまり、これまで「天武天皇のために書かれた」と信じられてきた『日本書紀』は、実際には持統や藤原不比等のために書かれていたのであり、しかもこの事実がうまくカモフラージュされていたことになる。

となれば、彼らがいかなるカラクリを用意し、そしてどのような歴史改竄《かいざん》を行なってしまったのか、その詳細を知りたくなるところだが、ここで一つ確認しておきたいことがある。

それは、八世紀に近づけば近づくほど歴史の記述は正確になっている、というこれまでの常識は、まったくあてにならないということなのである。

もっともわかりやすい例を、次に紹介しよう。

問題の記事は、天智七年（六六八）二月の天智天皇の后妃《こうひ》とその皇子たちを記した記事だ。

皇后は古人大兄皇子の娘・倭姫王で、その次の嬪《みめ》の筆頭に、蘇我倉山田石川麻呂《そがのくらやまだいしかわのまろ》の娘の遠智娘《おちのいらつめ》の名が挙げられている。ただし、「或本《あるふみ》に云《い》はく」と、別伝が用意され、これは遠智娘ではなく、美濃津子娘《みのつこのいらつめ》であったという。さらに記事は続き、遠智娘は男一人、女二人を産んだとある。順番に、（1）大田皇女《おおたのひめみこ》、（2）鸕野皇女《うののひめみこ》、（3）建皇子《たけるのみこ》で、皇子は口がきけなかったという。

本来ならば、ここで遠智娘にまつわる記事は終わっているはずなのに、ここから奇怪な記事が出てくる。

やはり「或本に云はく」として、別伝によると、遠智娘が生んだのは、男一人、女二人で、（1）建皇子、（2）大田皇女、（3）鸕野皇女であったという。さらに「或本に云はく」とあり、蘇我倉山田石川麻呂の娘の名は遠智娘ではなく、茅渟娘《ちぬのいらつめ》で、この女人が産んだ子は（1）大田皇女と（2）娑羅羅皇女《さららのひめみこ》であったといい、建皇子が抜け落ちている。これはいったいどういう意味があるのだろうか。

つまり『日本書紀』は、持統天皇の周囲の人脈に異伝があって、正確なところはよくわからない、としているわけである。

しかし、この記事は人を喰った証言としか考えられない。

『日本書紀』編纂は持統天皇の死の十八年後のことであり、しかも完成時の天皇は元正《げんしょう》天皇で、この女帝の父は草壁皇子（持統の子）、母は元明《げんめい》天皇（持統の妹）であった。しかも、持統の妹に当

『日本書紀』における建皇子《たけるのみこ》という不思議な存在

天智天皇の后妃・遠智娘《おちのいらつめ》(蘇我倉山田石川麻呂の娘)の皇子たちに関する記事

「或本《あるふみ》に云《い》はく」として
3つの異なる表現が記述されている

1
- 第1子 ▶ 大田皇女
- 第2子 ▶ 鸕野皇女《うののひめみこ》
- 第3子 ▶ 建皇子

2
- 第1子 ▶ 建皇子
- 第2子 ▶ 大田皇女
- 第3子 ▶ 鸕野皇女

3
- 第1子 ▶ 大田皇女
- 第2子 ▶ 娑羅羅皇女《さららのひめみこ》
- 第3子 ▶ 建皇子の記述なし

つまり……

建皇子は架空の存在!

→ 天武天皇と斉明天皇の真の関係を隠すため

たる元明天皇は『日本書紀』編纂の翌年まで生きているのだから、持統の周囲に異伝など生まれようはずもなかった。元明にとって建皇子たちは異母兄弟であり、忘れるはずのない関係である。それにもかかわらず、『日本書紀』が「知らぬ存ぜぬ」を貫いたのならば、それには歴史改竄のカラクリが用意されていたと考えるべきだろう。

実際、この錯綜した記事によって何が隠匿されたのかについては、拙著『天武天皇隠された正体』（KKベストセラーズ）の中で証明してみせた。

簡単に触れておくと、それは「建皇子」という架空の存在を用意することで、天武天皇とその母・斉明天皇との実際の関係をうやむやにし、さらには天武天皇の本当の父親を隠匿することに成功していたのである。

斉明天皇は、歴史改竄と隠匿を目論む『日本書紀』の編者にとっては、厄介なことをしでかしていた。というのも、『日本書紀』は天武天皇の正体を抹殺することを一つの大きな目的にしていたのだが、斉明天皇の残した数首の歌が、どうしても邪魔になっていた。斉明天皇が息子を思う歌を残し、これが天武の正体を暴露していたからである。

だから、『日本書紀』は、建皇子という「目くらまし」を用意して、斉明天皇の詠《うた》った相手が天武ではなく、建皇子という孫への愛情という形に変えたのである。

要するに、建皇子は、最初からこの世にいなかったのであり、だからこそ、いたかもしれないし、いなかったかもしれないと、『日本書紀』は記してしまったわけである。

古代史政争の封印書、それが『日本書紀』

八世紀の前半に記された『日本書紀』であるにもかかわらず、七世紀後半の事情がはっきりしないというのは、この歴史書の「素性」を白日のもとにさらけ出している。『日本書紀』が正史なのだから、「正直に歴史を残したかった」というのはわれわれがいだく幻想であって、本当のところは、極めて強い政治的な思惑の反映された文書であったことは、もはや疑いようがない。

そしてもう一つ、あらためてここで確認しておきたいのは、『日本書紀』が天武天皇のために書かれたというこれまでの常識は、もはや通用しないのであって、これまでのあらゆる古代史の常識は、「『日本書紀』は天武天皇のために書かれたのではない」という前提をもって、もう一度解き明かし直さなければならない、ということである。

そして『日本書紀』は、天武天皇の王家を持統が乗っ取っていた事実だけではなく、天武天皇の正体をもこの世から葬り去るために書かれていた、ということなのである。

『日本書紀』は持統天皇を天照大神になぞらえ、天照大神から始まる神話を構築した。本来男性であったはずの太陽神は、無理矢理女神にすり替えられてしまったわけである。

なぜこのような強引な手口を使わざるを得なかったかといえば、それは、持統天皇（天照大神）から始まる「新王朝」が、天武のそれとは一線を画していたことを明らかにするためだろう。そして、問題は、持統天皇が天智天皇の娘だったという一点である。

つまり、形の上では天武王家が継承されながら、「太陽神・持統天皇」という図式を構築することで、観念上は天智王家がいつの間にか復活させられていた、ということになる。

われわれはこれまで、このような巧妙なカラクリが『日本書紀』に仕掛けられていたことを、まったく見落としてきたのである。

そしてこのような『日本書紀』の描いた図式がわかってくると、次に問題となってくるのが、『日本書紀』はどこまで歴史を知っていたのか、そして、どこからどこまで『日本書紀』は歴史を隠匿してしまったのか、ということではないだろうか。

少なくとも、『日本書紀』が正史だから、あらゆる努力を払って正しい歴史を残そうと努めたなどという甘っちょろい幻想は、もはや通用しないのである。

『日本書紀』は、血塗られた古代史の政争の果て、ようやくの思いで勝ち抜いた者どもの、ドスのきいた封印の書なのである。

第三章

『日本書紀』はヤマト建国も改竄《かいざん》した

『日本書紀』はどこまでまじめに編纂されたのか

古代史の見方は、大きな変更を迫られているのではあるまいか。

なにしろ、これまで「天武《てんむ》のために書かれていた」と信じて疑われなかった古代史の根本資料である『日本書紀《にほんしょき》』が、実際には「天武の正体を抹殺するために書かれていた」可能性が出てきたからである。

そして『日本書紀』は、この文書の女主人公であり、同時代人である持統《じとう》天皇の系譜に異伝を用意していた。これは、明らかに歴史に手を加えたということでしかなく、とすれば、『日本書紀』の記事は、文面通りに素直に読み進めることはできなくなる。そして、疑えばきりがないが、『日本書紀』はどこからどこまでが「まじめに編纂《へんさん》されたのか」という疑念をいだかざるを得ないのである。

たとえばこれまで、六世紀以前の『日本書紀』の記述はあてにならないとされてきた。しかし実際には、七世紀の記事でさえ、嘘で塗り固められていたことになる。その目的はきわめて政治的なものであり、とするならば、六世紀以前の歴史も都合の悪いことは、「知っていたのに知らぬ振りをした」という可能性を疑っておくべきなのである。

というのも、七世紀の歴史で事実をねじ曲げられているのは、何も持統天皇の系譜や天武天皇の正体だけではなく、かなり広範囲にわたって、不誠実な記述が目立つからなのである。

もっともわかりやすいのは聖徳太子《しょうとくたいし》であろう。

聖徳太子といえば、天皇家の偉人として、また日本に仏教を広めた聖人として名高い。ところが『日本書紀』は、聖徳太子に対して微妙な記述を行なっている。

まず第一に、『日本書紀』を読む限り、聖徳太子の名前が特定できない。

「そんな馬鹿な、聖徳太子という立派な名があるではないか」と思われよう。しかし、聖徳太子という名前は、後世の文書に出てくる名前にすぎない。ではなぜ、このような事態に陥ったのかというと、『日本書紀』が信じられないほど多くの名を、この「後世、聖徳太子と呼ばれる人物」にあたえてしまったからだ。それはまるで、どれが本当の名前だったのか、わからなくするためではないかと思わせるほど多くの名である。

ためしに、一部を列挙してみよう。（1）厩戸皇子《うまやとのみこ》、（2）豊耳聡聖徳《とよみみとしょうとく》、（3）豊聡耳法大王《とよとみみのりのおおきみ》、（4）法主王《のりのうしのおおきみ》、（5）厩戸豊聡耳皇子《うまやとのとよとみみのみこ》、（6）上宮厩戸豊聡耳太子《かみつみやのうまやとのとよとみみのひつぎのみこ》、（7）厩戸豊聡耳皇子命《うまやとのとよとみみのみこのみこと》、（8）上宮太子《かみつみやのひつぎのみこ》などで、なぜ一つの名に特定できなかったのか理解に苦しむのである。

聖徳太子をめぐる奇妙な記述

不思議なのは名前だけではない。聖徳太子は大事な場面で姿を消すという離れ業《わざ》も演じている。

それは聖徳太子最大の功績、隋《ずい》との外交劇の中で起きている。推古十五年（六〇七）から翌年にかけて、ヤマト朝廷は隋に小野妹子《おののいもこ》を送り込み、隋からは裴世清《はいせいせい》が来日したのである。

この一連の外交劇には、多くの謎が隠されている。まず第一に、聖徳太子や小野妹子の活躍で大成功に終わったにもかかわらず、『日本書紀』の態度がきわめて冷ややかなこと、隋側の記録と食い違う内容が出てきていることである。

まず『日本書紀』には、推古十五年の七月三日に小野妹子を隋に遣《つか》わしたという簡潔な記事があり、さらに推古十六年（六〇八）の四月の条には、小野妹子が隋から帰ってきたこと、妹子が隋で蘇因高《そいんこう》と呼ばれていたこと、それから、隋の使いの裴世清らを難波《なにわ》で饗応したことが記されている。

八月三日にはいよいよ飛鳥《あすか》に使節団を迎え入れ、大歓迎をしたという記事があり、これに続いて、同月十二日、裴世清を宮中に招き入れたとある。

問題はここからだ。

裴世清は隋の国からの進物《しんもつ》を庭に置き、自ら国書《こくしょ》を持ち、使いの主旨を読み上げた。読み終える

『日本書紀』と『隋書』における重要外交事件の扱い方の違い

日本書紀

推古16年、隋の使節・裴《はい》世《せい》清《せい》が飛鳥を訪れて、宮中で国書を読み上げた

- 謁見の相手
  - 日本側の要人が記されず
- 訪日の理由
  - 「日出ずる処の～」という国書の大胆な記述を記録していない

隋書

推古16年、隋の使節・裴世清は日本の王と会い、しっかりと言葉を交わした

- 謁見の相手
  - 日本の王と会見したと記述
- 訪日の理由
  - 隋の皇帝・煬帝が印象的な国書に反応…

→ 日本側の強烈な働きかけによる外交戦術の勝利

と日本側の役人が進み出て、国書を受け取り、奥に進み、「大門《みかど》」の前の机に置いて、儀式は終わったというのである。

まず、この場面。どうした理由からか、主役級の面々が姿を現していない。

推古天皇、聖徳太子、蘇我馬子《そがのうまこ》といった、この時代を動かし、外交の主導権を握っていた人びとがその場にいたのかいなかったのかはっきりとは記されず、ただ裴世清は「大門」の前で、国書を読み上げたというのである。ここにいう「大門」が「天皇」を意味しているのか、あるいは、宮の入口を意味しているかも、はっきりしていない。

ところが、隋側の史料『隋書《ずいしょ》』倭国伝《わこくでん》には、このときの様子が残っている。日本の王と裴世清が言葉のやりとりをしていたと記録されてい

る。その文面は、以下の通りである。

倭国（日本）の王は裴世清に会い、大いに喜んで次のようにいった。「私は聞いている。海の西に大隋という礼儀の国があることを。そこでこうして朝貢《ちょうこう》したのです。われわれは野蛮人で、海の片隅に暮らし礼儀を知りません。よっていままで、島の中から外に出ようとはしなかったのです。いま、こうして道を整備し、館を飾り、ようやく大使（裴世清）をお迎えすることができるようになりました。できることならば、大国の維新の化（教え導くこと）をお聞かせ願いたい」

このように、隋側は、裴世清が日本の王と会い、しっかりと言葉を交わしたと記している。ならば、なぜ『日本書紀』は、裴世清が国書を読み上げただけで儀式は終わったと記録したのだろう。

ひた隠しにされた聖徳太子の正体

隋の記録と『日本書紀』の証言の食い違いはこれだけではない。

同じ『隋書』倭国伝には、この外交劇の始まりが、日本側からの強烈な働きかけに端を発していたと記している。その内容は次のようなものだ。

西暦六〇七年、タリシヒコという王が使者を遣わし、朝貢してきた。その使いがいうには、「海の西方の菩薩天子《ぼさつてんし》（隋の煬帝《ようだい》を指している）が仏法を興隆されているとうかがい（実際、煬帝は仏教に帰依していた）、こうして朝貢いたしました」と。そしてその国書には、「日出《ひい》づる処《ところ》の天子《てんし》、書を日没する処の天子に致す。つつがなきや云々《うんぬん》」とあった。煬帝はこれをみておもしろく思わなかった。「蛮夷《ばんい》（野蛮人）の国書で、無礼である」と吐き捨てるようにいった。

このように、一度は激怒した煬帝だった。だが、おそらく日本側の意表をついた出方に感心もし、また小野妹子の説得もあったからだろう、思い返した煬帝は、裴世清を日本に送ることを決心したわけだ。いわば、強気に出た日本側の戦略の勝利であり、間違いなく聖徳太子の知恵と度量から生まれた輝かしい歴史の一ページである。

この称賛されるべき巧みな外交戦の勝利と記念すべき国書の内容を、なぜ『日本書紀』は後世に残そうとはしなかったのだろう。

さらに注目すべきは、『隋書』倭国伝の中で日本の王が「タリシヒコ」となっていることで、これは「男王」の名である（女性なら「〜ヒコ」ではなく「〜ヒメ」となるはずだ）。だが、あらためて述べるまでもなく、『日本書紀』に従えば、ときの帝・推古は女帝であり、ここに『日本書紀』

と『隋書』の間に記述の食い違いが見られる。

この『隋書』の記述から、多くの臆測を呼んでいるのだが、ここでは割愛して、問題を聖徳太子に絞ってみよう。

いったい、なぜ『日本書紀』は、このような古代史上最大のイベントでもあった隋との外交劇で、推古天皇と聖徳太子の姿を表舞台から遠ざけてしまったのだろう。

真意はわからない。しかし、聖徳太子という人物、大きな秘密を背負い込んでいるとしか思えない。

その証拠に、『日本書紀』は聖徳太子を比類ない聖者として描きながら、一方で聖徳太子を鬼扱いしている。

聖徳太子が聖者として描かれているのは、まず、推古天皇元年（五九三）の夏四月の条で、聖徳太子を皇太子にしたという記事に続いて、出生の様子と神童ぶりが示されている。

それによると、聖徳太子の母・穴穂部間人皇女《あなほべのはしひとのひめみこ》は、出産予定日に宮をめぐっていた。そのとき馬屋の戸にあたった拍子に難なく聖徳太子は生まれ出たという。

聖徳太子は生まれた直後から言葉を発し、聖《ひじり》の智《ち》があったという。成長するに及び、一度に十人の訴えを聞いても聞き漏らさず、予知能力もあったというのである。

推古二十九年（六二一）春二月、聖徳太子が亡くなられたときの『日本書紀』の記事も、尋常ではない。

諸王、諸臣および天下の農民たちは、悲嘆に暮れ、老人は愛しい子を失ったように悲しみ、塩や酢の味がわからず、幼い者は慈しむ父母を亡くしたように泣き、その声は巷にあふれたとある。耕す者は鉏《すき》の手を休め、稲つく女は杵《きね》つきをやめた。

「太陽や月は輝きを失い、天と地が崩れたようになってしまった。これから先、誰を頼りにすればいいのだろう」

と語り合ったという。

高麗《こま》（高句麗《こうくり》）の僧・慧慈《えじ》は、聖徳太子が亡くなられたことを知り、次のように嘆いてみせたという。

「日本国に聖人がおられました。上宮豊聡耳命《かみつみやのとよとみみのみこと》と申し上げます。生まれながらにすぐれた方で、聖の徳をもって日本の国に生まれました。中国の聖天子のようで、大きな仕事をなされ、三宝を敬い、人びとを苦しみから救われた。これはまことに大聖にほかなりません。いま太子は亡くなられました。生きる国は違いますが、心は強く結ばれています。私一人がこうして生きていて、なんの益があるというのでしょう。私も来年の太子の命日に、必ずお供して天に召されましょう。そして浄土で再会し、衆生《しゅじょう》を救済しようと思うのです」

そして言葉通り、慧慈は約束の日に亡くなられたのだという。

これが『日本書紀』の記した聖徳太子礼賛記事である。

このような絶賛の仕方は、「天皇」にもありえないことで、なぜ皇太子のままこの世を去った聖徳太子のみが、ここまで礼賛されなければならないのか、理解に苦しむのである。

聖徳太子を鬼扱いした『日本書紀』

そして、それ以上に奇怪なことがある。それは、聖徳太子を褒め称えていたはずの『日本書紀』が、ある一箇所の記述の中で、聖徳太子を「鬼」として描いているからである。

なぜそのようなことがいえるのかというと、物部守屋《もののべのもりや》と蘇我馬子の仏教導入をめぐるいさかいの場面で、聖徳太子が童子《どうじ》（子ども）の姿で物部守屋を「呪い倒す」という記事が、『日本書紀』に残されているからである。

用明《ようめい》二年（五八七）七月。蘇我馬子は多くの皇族や豪族を引き連れて排仏派の物部守屋の邸宅を囲んだ。その中には、十三歳の聖徳太子も混じっていた。

蘇我馬子は果敢に攻めかけるが、物部守屋は館の周囲に稲を積み上げ（稲城《いなき》）、果敢に応戦した。このため、馬子の軍勢は三たび押し返されたという。

これを見ていた聖徳太子は、戦況の不利を見抜き、霊木《れいぼく》（白膠木《ぬりで》）を切り、四天王像《してんのうぞう》を彫り、髪をたぐし上げ、

「いまもし我をして勝たしめたまわば、必ずや護世四王《ごせいしおう》のために寺を興しましょう」

と誓願《せいがん》したのだという。すると、物部守屋の軍勢は、自ら崩れていったという。

問題は、『日本書紀』がこのときの聖徳太子の髪型を「束髪於額《ひさごはな》」だったとあえて記録していることで、この髪型は、「童子」の姿であったことを意味している。

なぜこの場面で、聖徳太子が童子であったことを強調していたのかというと、それは、この物部守屋討伐が「鬼退治」にほかならなかったからだ。物部守屋は館を「稲城」で守ったというが、稲を積み上げて強力な防御力を発揮したのは、物理的な要因からではなく、「呪術《じゅじゅつ》」だったからだ。呪術によって守られた「鬼」としての物部守屋に対し、多くの大人が束になってもかなわなかったのに、たった一人の「童子」の願掛けによって勝利はもたらされたのである。

これはまさに、昔話にある「鬼退治」が小さな子ども（童子）の手で成就されるというストーリー展開とそっくりなのだ。

ならば、なぜ童子は鬼を退治できたのだろう。それは、古くは童子も鬼と同等の力を持つ鬼そのものだと考えられていたからである。

出産の神秘と子どもの脅威的な成長力は、童子が「神に近い存在」であったという発想に結びついた。そして、太古の日本人にとって、「神と鬼」は「表と裏」の関係であった。一神教世界の「神と悪魔」という対立関係とは、まったく別の見方をしていたのだ。

なぜ、このように考えられていたのかというと、「雷神《らいじん》」を例に出すとわかりやすい。

雷神は人びとを震え上がらせ、祟《たた》りをもたらす恐ろしい神だ。だが、雷が落ちて雨が降らなければ、稲は実らない。それは、雷のことを「イナヅマ（稲妻）」ということからもはっきりしている。なぜ雷が稲妻かというと、雷が落ち、稲の精と結びついて初めて、稲が実ると考えられていたのだ。

すなわち、雷神は祟りをもたらす神であるとともに、人びとに恵みをもたらすのであって、神道《しんとう》とは、祟り神を丁重に祭り上げることで、豊穣《ほうじょう》を勝ち取ろうというものであった。祭りで神輿《みこし》を担《かつ》ぎ、神様を一年に一回暴れさせるのは、祟る神をなぐさめているのであって、このような祭りの中に、神道の本質は隠されていたのである。

したがって、聖徳太子は「聖者（神）」であるとともに、いや聖者であったからこそ、「鬼」のような神通力《じんつうりき》を発揮したことの意味がわかってくる。

こう考えることで、『日本書紀』の記述は矛盾がなくなる。

もっとも、だからといって、『日本書紀』が聖徳太子を「鬼呼ばわり」したことを無視することはできない。なぜなら、確かに「神と鬼」は古くは「表と裏」の関係にあったが、『日本書紀』はこれを分離し、「鬼」に「邪悪な者」というレッテルを貼ってしまったからだ。そして、奈良時代から平安時代に移り変わるとともに、「鬼」は、かつての「神」の属性の一つではなく、人びとから忌《い》み嫌《きら》われる存在に零落していくのである。

鬼は『日本書紀』によって零落させられた神

では、なぜ「神」そのものでもあった「鬼」を、『日本書紀』は蹴落《けお》としてしまったのだろうか。

このあたりの事情は、拙著『闇の修験道《しゅげんどう》』（KKベストセラーズ）の中で詳述したので、ここでは簡単に述べておく。あらましは次のようなものだ。

すなわち、八世紀に権力の座に上《のぼ》りつめた藤原氏は、三～四世紀のヤマト建国以来、朝廷の神道祭祀《さいし》の中心にいた氏族を根こそぎ没落させ、神道祭祀の権利を奪い取ったのだった。そして、自家に都合のいいような宗教観（中臣《なかとみ》神道）を創作し、人びとに強要したのだ。その過程で、かつては「神の一族」と考えられていた名門豪族たちを「鬼の一族」にすり替え、「邪悪な者ども」という印象を与え権威を奪い、「神聖な神道祭祀」から排除していったというわけである。

この結果、かつての「神」の一族は野に下り、「鬼」と蔑《さげす》まれていく。修験道の始まりは、まさにこのような「藤原氏による神道のすり替え」が原因だったと考えられるが、ここではこれ以上深入りはしない。

とにもかくにも問題は、聖徳太子が「童子」の姿で活躍し、しかも「童子」は「鬼」を暗示していたことである。

実際、『日本書紀』の記述以降、人びとは聖徳太子を「鬼」とみなしていたようである。法隆寺《ほうりゅうじ》を筆頭とする聖徳太子ゆかりの寺々では、聖徳太子やそのまわりの人物が「童子（鬼）」の姿で祀《まつ》られることが多い。これは、聖徳太子に特有な現象である。

さらに、平安時代に記された聖徳太子の伝記集『上宮聖徳法王帝説《じょうぐうしょうとくほうおうていせつ》』は、聖徳太子の母を指して「鬼前大后《かむさきのおおきさき》」と呼んでいる。なぜ「鬼」なのかというと、その理由も記してある。それは、「鬼前大后」が、「神前《かむさき》」という宮とかかわっていたからだという。それならば素直に「神前大后」の名でもよかったのに『上宮聖徳法王帝説』の著者は、迷わず「鬼前」の名を聖徳太子の母に与えたということになる。それほど、聖徳太子に「鬼」のイメージは強かったということだろう。

繰り返すが、「神と鬼」を峻別《しゅんべつ》し、「鬼」に邪悪なイメージを植え付けたのは『日本書紀』である。とするならば、聖者であったと礼賛しながら、一方で「鬼」だったと暗示した『日本書紀』に、聖徳太子に対する意地の悪さを感じずにはいられないのである。

聖徳太子には謎が多いとされるが、その理由は、このような『日本書紀』の微妙な態度からも読み取れるのである。

『日本書紀』の編者は、聖徳太子の秘密を熟知していて、だからこそ『日本書紀』の中で正体を抹殺し、そのうえで、もっとも称賛されるべき隋との外交劇の場から姿を隠匿し、さらには「じつは聖徳太子は鬼だった」と暗示めかしく、ほのめかしていたことになる。

本当に六世紀以前の『日本書紀』の記述は信用できないのか

これだけ聖徳太子にこだわったのは、八世紀前半に成立した『日本書紀』であるのに、七世紀の歴史にあやふやな記述が目立つこと、それは、「歴史を知らなかったから」ではなく、「歴史を知っていたからこそ」カラクリを用意して真相を闇に葬ったと考えられるからである。

そして事実、聖徳太子の周囲には、『日本書紀』によって多くのカラクリが用意され、正体が抹殺されていたことは、拙著『聖徳太子の秘密』（ＰＨＰ文庫）などで、すでに述べた通りだ。

とするならば、ここであらためて、これまでの「六世紀以前の『日本書紀』の記述は信用できない」という常識を疑ってかかる必要がある。七世紀の歴史が塗り替えられていたのなら、それ以前の歴史が曖昧なのも、実際には「真相が抹殺されていたから」という可能性も出てくるからだ。『日本書紀』の編者は、過去を熟知していたからこそ、過去を抹殺しにかかったのではなかったか。

いやすでに、このような漠然とした推理ではなく、かなり克明に、『日本書紀』の歴史抹殺の実態を証明できるように思われる。なぜならば、神話の三分の一を占めながら、「存在しなかった」と信じられてきた「出雲」が、実際には「そこにあった」ことが考古学の物証から確かめられ、しかも、「出雲がヤマト建国に絡んでいた」疑いは強くなる一方だからだ。しかも、その事実を『日本書紀』が熟知していて、だからこそ、「出雲を抹殺するために神話を考え出した」疑いが強くなってきたからである。

なぜこのようなことがいえるのか、ここでしばらく、「出雲」について考えておこう。

それにしても、なぜこれまで、「出雲はなかった」と、頑なに信じられていたのだろう。

その理由はいくつもある。

まず第一に、すでに触れたように、神話自体がまともに扱われなかったこと。すなわち、戦前の皇国史観に対する反動から、神話は物語に過ぎないという発想である。

そして第二に、かつて弥生《やよい》時代から古墳時代にかけての出雲を中心とする山陰地方から、めぼしい発掘がなかったことが挙げられよう。したがって、神話にあるような「天皇家の祖を苦しめた出雲神」は絵空事に過ぎない、と考えられたわけである。

では、なぜ「出雲」という特定の場所が神話の舞台になったのだろうか。

鳥越憲三郎《とりごえけんざぶろう》氏は、『出雲神話の成立』（創元社）の中で、古くから山の南側を「山陽」、山の北側を「山陰」と呼び区別していたことに注目した。つまり、「山陰の出雲」はヤマトにとっての観念上の「陰＝裏」なのであり、だからこそ、天照大神《あまてらすおおみかみ》が祀られる伊勢神宮《いせじんぐう》に対立する神社として、便宜上出雲の杵築《きづき》神社（出雲大社）が選ばれたのだと考えた。

また、ヤマト朝廷から見て忌むべき西北の方角に出雲が存在したという説がある一方で、三谷栄一《みたにえいいち》

出雲の存在と『日本書紀』の関係

これまで「出雲はなかった」と信じられてきた理由

1. 「戦前の皇国史観に対する反発から、神話自体が単なる空想の物語に過ぎないと考えられていた」
2. 「出雲を中心とする山陰地方から歴史的な発掘がなかった」

But → **考古学上の物証が発見され、出雲の存在がクローズアップ！**

本当は…　**『日本書紀』が出雲の存在を熟知しており、何らかの意図を持って出雲の抹殺を謀った？**

氏のように、西北は「祝福をもたらす方角」とする指摘もある。

三谷氏は、出雲が記紀神話の三分の一近くを占めていること、大嘗祭《だいじょうさい》に古詞を奏する語部が出雲周辺の、都からみて西北の方角の国々から選ばれていることに着目した。

そして、西北（戌亥隅《いぬい》）の方角は、「祖霊の去来する方角、鎮《しず》まります彼方《かなた》」（『日本神話の基盤』塙書房）であり、稲作の豊穣をもたらす神が去来する方角が西北だったとし、ここに出雲神話の意味を探ろうとしたのである。

だが、これらの発想は、古代山陰地方の実態を考古学が明らかにする以前の発想であり、もはや通用しなくなってしまったのである。

では、「出雲」の何が新たにわかったというのだろうか。

なぜ神武天皇の正妃が出雲神の娘なのか

ここで考古学のつき止めた「出雲の正体」を明かす前に、歴史時代に入ってからの出雲神とヤマトの不可解なつながりについて考えておかなければならない。

それはヤマトの初代王・神武《じんむ》天皇の話だ。

神武天皇は九州日向からヤマトにやって来た人物だが、ようやくの思いでヤマトに入った後、正妃を迎え入れるが、この女人が奇妙な系譜をもっていた。

『日本書紀』には次のようにある。すなわち、事代主神《ことしろぬしのかみ》の娘・媛蹈鞴五十鈴媛命《ひめたたらいすずのひめのみこと》が神武天皇の正妃になったとするのである。

さらに、第二代綏靖《すいぜい》天皇は、やはり事代主神の娘・五十鈴依媛《いすずよりひめ》を、さらに第三代安寧《あんねい》天皇は事代主神の孫・渟名底仲媛命《ぬなそこなかつひめのみこと》を正妃に立てたとある。

ここにある三人の天皇の正妃の親であり祖父である事代主神は、いうまでもなく出雲神であった。

なぜ『日本書紀』は、神武から安寧にいたるヤマト朝廷黎明期の天皇に、「出雲の女人」をあてがったのだろう。

神武天皇は実在しないというのが史学界の常識となっているが、それならばなおさらのこと、なぜ天皇家が国譲りを強要し、徹底的に叩きつぶした相手の神の娘を、正妃に指名するという「物語」を構築する必要があったというのだろうか。

不思議なのは神武天皇だけではない。第十代崇神《すじん》天皇は、出雲神の祟りに悩まされている。

ちなみに、神武天皇と崇神天皇の二人は同一人物だったとする説が根強い。

なぜ初代と第十代の天皇が重なるというのだろう。

まず、『日本書紀』がいうところの初代天皇は、有名な神武天皇である。ところが、歴代天皇の在位年数を逆算していくと、神武天皇はいまから二千数百年前の人物ということになってしまう。

当時（縄文《じょうもん》晩期から弥生時代の初頭ということになる）、西日本を束ねるような勢力がヤマトに誕生していたとは考えられないのだから、神武天皇は架空の人物であり、実際の歴史よりも天皇家の歴史を古く見せかけるためのカラクリに過ぎない、ということになった。

それでは、誰が実際の初代の大王なのかということになる。そこで蓋然性《がいぜんせい》が高いと目されるようになったのが、崇神天皇だった。

在位した時期が四世紀と考えられること、崇神天皇は、神武天皇同様「ハックニシラス天皇」と『日本書紀』の中で称えられていて、これが「初めてこの国を治めた大王」を意味していたからである。

さらには、『日本書紀』の神武天皇の記述は、当初こそ華々しい説話で彩《いろど》られているが、晩年にいたるまでの記事がすっぽりと抜け落ちている。これに対し、その穴をちょうど崇神天皇紀が埋めるようになっている。このため、崇神天皇が実在したヤマト朝廷の初代大王で、神武天皇は崇神天皇をモデルに創作されたに違いない、と考えられるようになったのである。

さて、それはともかく、崇神天皇紀三年の秋九月の条には、崇神天皇が磯城《しき》に都を遷し（それまでは現在の奈良市に宮があった）、この宮の名を瑞籬宮《みつかきのみや》といったとある。ここにある磯城とは、三輪山の西南部に当たっていて、崇神天皇と三輪山の関係は深かったことをうかがわせる。

崇神五年、憂慮すべきことが起きている。国内に疫病が蔓延《まんえん》し、人口の半分が亡くなるという惨状である。

翌年になると、事態はさらに悪化し、百姓《おおみたから》は土地を手放し流浪し、背《そむ》く者まで現れた。天皇の徳をもってしても、治めることができなかった。天皇は朝から晩まで政務にいそしまれ、さらに天神《てんじん》地祇《ちぎ》に罪を謝り続けた。

これより少し前、天照大神と倭大国魂神《やまとのおおくにたまのかみ》の二柱の神を、天皇の御殿に祀っていた。ところが、これらの神の神威を恐れ、天照大神を豊鍬入姫命《とよすきいりひめのみこと》に託して倭《やまと》の笠縫邑《かさぬいのむら》（奈良県磯城郡田原本町《たわらもとちょう》）に祀り、神籬《ひもろぎ》（神域）を建てた。日本大国魂神《やまとのおおくにたまのかみ》（倭大国魂）を渟名城入姫命《ぬなきいりひめのみこと》に託して祀らせた。ところが渟名城入姫命は髪が抜け落ち、痩せてしまい祀ることができなかったという。

さらに翌年、崇神天皇は、災難が降りかかっているのは、朝廷に善政がなく、天神地祇からとがめられているのではないかと心配し、八百万《やおよろず》の神を集めて占いをしてみた。するとヤマトの国にい

神武天皇が崇神天皇と同一人物と推定される理由

2人ともハツクニシラス天皇《すめらみこと》として記載

［神武天皇］		［崇神天皇］
縄文晩期〜弥生初期（二千数百年前）の人物として存在しているが、当時は国として統一されていなかった	→	3世紀末から4世紀に「初めてこの国を治めた大王」として登場する
神武東征として華々しく登場するが、その後晩年にいたるまで記事がすっぽり抜けている	→	**この記事を埋めるように崇神天皇の記述が記載されている**

「崇神天皇こそ実在した初代ヤマト朝廷の大王、神武天皇は崇神天皇をモデルに創作された存在である」

る出雲神・大物主神《おおものぬしのかみ》が「私を祀ればいいのだ」と倭迹迹日百襲姫命《やまとととひももそひめのみこと》に神託を下ろした。

そこで崇神天皇は祭祀を執《と》り行なったが、験《しるし》が現れない。そこで今度は沐浴《もくよく》して身を清め、祈り、夢占いをしてみた。すると大物主神が現れ、

「もう憂えることはない。これまでの数々の災難は、私の意思であった。もしわが子の大田田根子《おおたたねこ》に私を祀らせれば、たちどころに世は平静をとり戻すだろう。また、海の外の国も自ずから帰服してくるだろう」

というので、さっそく大田田根子なる者を探し出し、茅渟県《ちぬのあがた》（大阪府堺《さかい》市から和歌山県県境付近）の陶邑《すえのむら》で見つけた。

ここに、物部氏の祖・伊香色雄《いかがしこお》に命じて、物部八十手《やそて》（物部の多くの人びと）がつくる祭具を使い、大田田根子が大物主神を祀ると、神託

通り、世の中は落ち着いたのだという。

これとそっくりな話は『古事記』にもあって、意富多多泥古《おおたたねこ》（大田田根子）がミワの大物主神を祀り、物部氏の祖・伊迦賀色許男命《いかがしこおのみこと》（伊香色雄）が天の八十平瓮《やそひらか》をつくり、神を祀ったという。そして、一連の崇神天皇を悩ませた災難は、大物主神の祟りだったと断定しているのである。

なぜ神話の世界で、すでに決着がついているはずの天皇家と出雲の確執がヤマトの地で再現されてしまったのだろうか。出雲が神話なら、出雲神を登場させる必要はどこにもなかったはずなのである。

出雲神を礼賛した崇神天皇の謎

もう一つ不思議なことがある。それは、崇神天皇が、出雲神を指して「ヤマトを造成した神」と称えていることなのである。

崇神八年冬十二月二十日、崇神は大田田根子に大物主神を祀らせたが、この日、大神《おおみわ》の掌酒《さかびと》（三輪の神・大物主神に奉る酒を管理する人）が天皇に酒を献上し、歌を詠んだ。

此《こ》の神酒《みき》は　我《わ》が神酒ならず　倭成《やまとな》す　大物主《おほものぬし》の　醸《か》みし神酒　幾久《いくひさ》　幾久

この神酒は、私がつくった酒ではありません。倭（ヤマト）をつくられた大物主神の醸造《じょうぞう》された酒です、という意味だ。

ここで重要なのは、大物主神がヤマトに祟りをもたらしただけではなく、ヤマトを造成した神として称えられていることである。

これ以前の『日本書紀』の文面を見る限り、大物主神は出雲からヤマトに「遷《うつ》し祀られた」のであって、ヤマトを造成したわけではない。それにもかかわらず、なぜ崇神朝は、大物主神を恐れる一方で、ヤマトを造成した神と称えたのだろう。

大物主神をめぐる不思議な話は、まだ続く。

崇神天皇紀十年の条には、次のような記事が載っている。

先に大物主神の神託の下った、ヤマトを代表する巫女《みこ》・倭迹迹日百襲姫命《やまとととひももそひめのみこと》は、大物主神の妻になったというのだ。

ところが、大物主神は夜にならないと訪ねてこない(古代は男が女性の家を訪ねる通い婚だった)。

倭迹迹日百襲姫命は夫に懇願した。

「そのご尊顔を拝したことがございません。ですから、しばらくここにいらしてください。明日、あなた様の麗しき姿を拝見したく思います」

と申し出ると、大物主神は、

「なるほど、それもそうだ。ならば、明日櫛笥《くしげ》（化粧箱）に入っていよう。けれども、私の姿を見て驚かないでほしい」

と告げた。倭迹迹日百襲姫命はなんのことだろうと怪しんだ。

翌日櫛笥を開けてみると、そこにはきれいな小蛇《おろち》がいた。驚いた倭迹迹日百襲姫命は、思わず叫んでしまった。大物主神は恥じて、人の姿に戻ると、

「あなたは私に恥をかかせた。私もあなたに恥をかかせる」

そういうと、大空を踏みとどろかして三輪山（御諸山《みもろやま》）に帰っていった。倭迹迹日百襲姫命は悔いてその様子を見ていて、どすんと尻餅《しりもち》をついた。その拍子に、ホト（陰部）を箸《はし》で突いて亡くなられてしまった。

人びとは倭迹迹日百襲姫命を大市《おおいち》（奈良県桜井市北部）に葬った。そこでこの墓を「箸墓《はしはか》」と呼ぶようになった。この墓は昼は人がつくり、夜は神がつくったという。

このように、出雲神は、歴史時代に入っても活躍し、「ヤマトを造成した神」と称えられてもいるのである。

三輪山のふもとに出雲の地名

繰り返すが、なぜ「出雲」は、神話の世界から飛び出してしまったのだろうか。

もっとも、このような問いは意味がないのかもしれない。通説にいわせれば、……『日本書紀』の六世紀以前の記述は正確な歴史ではない。まして崇神天皇といえば四世紀の人物であり、この時代に唐突に出雲神が出てきたとしても、そういう物語と考えるほかはない……、ということになるからである。

また、仮に「出雲」が存在したとしても、それは、「ヤマトに滅ぼされた者、征服された者」にすぎないというのである。

森浩一《もりこういち》氏は、『記紀の考古学』（朝日新聞社）の中で、このような学界の風潮に対して、次のような発言をしている。大きな意味を持っているので、引用する。

記紀のなかでも冒頭の神話の個所となると、忌避《きひ》の傾向はさらにきつかった。神話にふれるだけでも、非科学的というレッテルを貼る風潮すらあった。（中略）
十数年ぐらい前、ある文献学者と雑談中に、「神話のなかに少しでも弥生時代の物とか事件が反映しているだろうか」と問いかけた。するとその学者は、即座にそれはないと答えた。

このように述べる森浩一氏は、これまで「絵空事」と片づけられてきた神話やそれ以降の『日本書紀』の記述の中に、何かしらの真実が隠されているのではないかと指摘してきた、数少ない学者である。

また森浩一氏は、『考古学へのまなざし』（大巧社）の中で、奈良県桜井市の三輪山山麓の「出雲」に注目している。

三輪山の西方からは、纒向遺跡《まきむくいせき》が発見され、この遺跡が三世紀の巨大都市であったこと、さらに、古墳時代の始まりがこの遺跡から始まることがはっきりしてきて、ヤマト朝廷の黎明期の中心が、纒向であった可能性が出てきている。

そして、この地域の西側の隣接地が、平安後期以降の出雲庄《いずものしょう》であり、ここの「太田」という地名が、『日本書紀』仁徳《にんとく》即位前紀の出雲臣の祖・淤宇宿禰《おうのすくね》が屯田《みた》の管理者に任命されたことに由来するという岸俊男《きしとしお》氏の説（『倭人の登場』中公文庫）を紹介し、賛意を表している。

また、三輪山の東南にも「出雲」の地名が残されていて、いまでも「出雲人形」という素朴な焼き物の人形が作られているが、これも出雲国造家《こくそうけ》の遠い親族にあたる野見宿禰《のみのすくね》が「埴輪《はにわ》」をつくったという故事に通じる。

さらに森氏は、ここにも「太田」という字《あざ》があることに言及している。纒向遺跡の古くからの呼び名は「太田遺跡」で、やはり「出雲と太田」が重なっていることがわかる。

なぜこのようなことに森氏が注意を払っているかというと、例の崇神天皇を悩ませた災難を「オオタタネコ」という人物が出雲神・大物主神を祀ることで、落着させたからだ。つまり、「オオタタネコ」の「オオタ」が「太田」の地名になったのではないかと勘ぐっているのである。

纒向遺跡では外来系の土器が多数見つかっているが、その中でも三世紀の山陰系の土器が東海についで多く、また、盆地西部の當麻町《たいまちょう》（現葛城市）は、野見宿禰と因縁の深い土地だが、ここにある太田遺跡からは、山陰系の土器が多く出土している。

やはり、ヤマトの「出雲」と「太田」は、強い因果で結びついているらしい。

とすれば、出雲神・大物主神の祟りと大田田根子の話を、まったくの絵空事と笑い飛ばすことはできなくなるのである。

ヤマトの歴史を塗り替える纒向遺跡

森浩一氏の指摘するようなヤマトと出雲のつながりは、これ以外の考古学的物証からも裏づけられている。「弥生後期の出雲」や「ヤマト建国にかかわった出雲」は、考古学的には、もはや「推理」の域を超え、「確信」になろうとしているからである。

つまり、考古学の進展によって、これまでのような文字だけを追った『日本書紀』解釈は、大きく修正されようとしているのである。

特に、ヤマト建国をめぐっては、二つの発見が大きな意味を持ってくるように思う。それは、「出雲」と「纒向遺跡」であり、この二つのキーワードが、謎に包まれていたヤマト建国の過程を、ようやく明らかにしてくれそうなのである。

これらは、『日本書紀』の示したヤマト建国の「嘘と本当」の両方を、明確にしようとさえしているのである。

そして、これらの事実は、八世紀の『日本書紀』の編者がヤマト建国の歴史を熟知していて、だからこそ真相を闇に葬り、わずかなヒントだけを『日本書紀』に残した疑いを強くしているのである。

なぜこのようなことがいえるのか、まず纒向遺跡からみていこう。

纒向遺跡は奈良県桜井市の、ちょうど三輪山の西側の扇状地《せんじょうち》に広がる三世紀から四世紀前半にいたる遺跡である。

纒向遺跡は三世紀初頭にヤマトの地につくられ、また、三世紀後半に、一度画期を迎えている。遺跡の規模が一気に倍の大きさにふくれ上がったのだ。

纒向遺跡の特徴は、まず、それ以前の周囲の環濠《かんごう》集落が解体された後に忽然と現れたことで、しかも、農業の痕跡が見られず、第一次産業従事者が不在で、純然たる政治と宗教の都市だったことである。

約一キロ四方（径一・五キロ）という遺跡の規模も、のちの宮城と遜色《そんしょく》がなかった。しかも、巨

古代史の通説を覆した纒向遺跡

奈良県桜井市の三輪山▶
西麓の扇状地に広がる
纒向遺跡

纒向《まきむく》遺跡の特徴

- 農業の痕跡がなく、純然たる政治と宗教の都市として存在
- 都城《とじょう》と同じ規模で、方位も意識して、特別な建物もあり、祭祀を執り行なっていた
- 前方後円墳が作られ、祭祀用の土器も埋められていた

木を利用した導水施設（水洗トイレ）や幅六メートル、深さ一・五メートルの運河を備え、方位を意識し、特別に仕切られた建物が見つかっていて、祭祀を執り行なったと考えられている。

纒向遺跡の興味深い点は、東海、北陸、山陰、吉備などの地域から土器が集まっていたことだ。この都市が、多くの地域との交流を通じて成長していったことは間違いない。

纒向遺跡の特徴は、これだけではない。

三世紀前半、最初期の前方後円墳《ぜんぽうこうえんふん》（纒向型前方後円墳）が纒向遺跡でつくられ、さらに三世紀後半、古墳時代そのままの前方後円墳が完成している。そして次第に、この新たな埋葬文化が、各地に伝播《でんぱ》していった。しかも、興味深いのは、弥生後期に各地の首長が思い思いに執り行なっていた埋葬文化を寄せ集める形で、前方後円墳が誕生していた可能性が高い、ということなのである。

たとえば、前方後円墳の墳丘上では、特殊器台《とくしゅきだい》という祭祀用の土器を並べて首長霊《しゅちょうれい》を祀るが、これは纏向以前、吉備で発達した特殊な文化だった。

弥生後期の山陰地方では、四隅突出型墳丘墓《よすみとっしゅつがたふんきゅうぼ》というヒトデ型をした墳丘墓が発展し、北陸地方や東北南部（福島県の会津《あいづ》地方）にまで伝播していく。この四隅突出型墳丘墓には、斜面に貼石《はりいし》を施すが、前方後円墳の葺石《ふきいし》は、まさに四隅突出型墳丘墓の貼石が発展したものと考えられる。

北部九州の弥生時代の埋葬文化の特徴は「豪奢《ごうしゃ》な副葬品」で、他の地域では見られないような「宝物」を死者の周囲に埋めた。山陰地方の丹後以外には、このような傾向は見られなかった。

結局、これらの埋葬文化がヤマトに持ち込まれて、前方後円墳が完成したのである。

ヤマトの纏向は邪馬台国か

纏向遺跡が三世紀のヤマトに出現し、しかも同時に前方後円墳がつくられたとなってくると、当然のことながら、ヤマトが邪馬台国だった可能性が出てくることになる。

『魏志《ぎし》』倭人伝《わじんでん》には、倭国の中心が邪馬台国であったと記録されている。そして、邪馬台国で女王として君臨したのが、卑弥呼《ひみこ》と台与《とよ》である。彼女たちの活躍は、二世紀末から三世紀にかけてのことで、纒向遺跡や箸墓といった前方後円墳の造営開始の時代と、ほぼ重なってくる。

邪馬台国畿内説を採る人びとは、三世紀初頭に、すでに前方後円墳の原形は纒向遺跡に登場していたといい、邪馬台国論争はすでに畿内で決まったと豪語し、かたや邪馬台国北部九州論者は、このような考えに猛烈に反発する。考古学資料を、都合のいいように解釈しすぎている、とするのだ。

いまのところ、結論は出ていないが、畿内論者は前方後円墳の誕生をなるべく早い段階に持っていきたいという心情があり、かたや北部九州論者は、なるべく遅くなってほしいという願望が働いている。

ただし、以前考えられていたように、前方後円墳が四世紀に出現したという考えは、もはや通用しない。考古学の進展によって、前方後円墳の出現の時期がどんどん早まっていることは確かなことである。

すなわち、纒向遺跡が三世紀前半にヤマトに出現していて、さらに、三世紀後半に纒向遺跡の画期があって、このとき前方後円墳という文化がほぼ完成したこと、これがヤマト朝廷の誕生だった（もちろん、当初の王家がいつまでも続いたかどうかは別の問題としても）という考えは、だんだん主流になりつつある。

ただし、ここで付け足しておかなければならないことが二つある。

まず第一に、三世紀のヤマトに纒向遺跡が出現し、しかも前方後円墳をつくっていたとしても、だからといって纒向がそのまま邪馬台国に直結するわけではない、ということなのである。

すなわち、当時西日本でもっとも強大な勢力を誇っていたのが纒向としても、それで魏が「纒向が倭国の首都」と認知していたかどうかは別問題だ、ということである。

これはどういうことかというと、たとえば北部九州の勢力が、纒向に先んじて魏に働きかけ、「私たちが倭国です」と主張していれば、「親魏倭王《しんぎわおう》」の称号を獲得することは不可能ではなかったのである。

そして第二に、『日本書紀』はヤマト建国時、「王権（神武天皇）が武力で西から東を攻めた」と記録するが、ヤマト建国時の強い王権の出現は、想定できなくなっていることだ。弥生時代の北部九州が日本列島の最先端地域であったことから、「邪馬台国が東に移ってヤマトは建設された」という考えがかつては主流だったが、纒向遺跡からの出土品や前方後円墳のつくられ方を見るにつけ、強圧的な征服という単純な図式を当てはめることができなくなってしまった。むしろ、各地との交流、多くの文化の習合によってヤマトが醸《かも》し出されたと考えざるを得なくなってきているのである。

もちろん、建国を推し進めた勢力は存在した。三世紀前半から半ばまでは吉備《きび》の強い指導力が、そして、三世紀後半からは山陰地方の強い影響力があったと考えられるが、だからといって、「吉備王国」や「山陰（出雲）王国」がヤマトを乗っ取ったということではありえないのである。

その証拠に、纒向完成後に前方後円墳という「ヤマトに誕生した新たな埋葬文化」は日本各地に伝播していくが、それが武力を伴う強制だったかというとそのようなことはなく、緩やかに伝播し、各地の首長層が「ヤマトを追認」し、「ヤマトに参加」したと考えられるのである。

つまり、「纒向の発見」は、ヤマトの黎明期の王権が、各地の首長層の総意のもとに立てられた可能性を示しているわけである。

常識を覆した出雲の考古学

「纒向の意味」は、もう一つある。

それが、神話の世界の絵空事と頑《かたく》なに信じられていた「出雲」の実在性と、「出雲」がヤマト建国にも大いにかかわっていた可能性を示したことにある。森浩一氏が出雲神・大物主神の子「大田田根子」に注目しているのも、ヤマトと出雲の強い因縁が横たわっているからにほかならない。

神話に従えば、ヤマトの天皇家と出雲の関係は、出雲の国譲りと天孫降臨によって、ケリはついていたはずだった。ところが神武天皇は、正妃に事代主神の娘を選び、崇神天皇は大物主神を「ヤマトを造成した神」と称えた。

この『日本書紀』の不可解な記事は、「出雲は存在しない」とする「常識」があったために、深く考察されることはなかったのである。ところが、纒向遺跡から大量の山陰系の土器が出土するに及び、ヤマト朝廷誕生時におけるヤマトと山陰の関係を無視するわけにはいかなくなってきたのである。

たとえば、考古学界のみならず史学界全体を震撼させたのが、出雲の弥生時代後期の青銅器の二つの遺跡だった。それ以前、出雲からは弥生時代の青銅器の出土が極端に少なかった。もちろんだからこそ、神話の三分の一を占める出雲という存在は、絵空事に過ぎないと高をくくられてきたわけである。

繰り返すが、出雲がなかったという話は、かつて動かし難い常識だった。「神話の世界と歴史事実とは次元が異なる」、「結局は神話は作られたものである」（青木紀元《あおききげん》『日本神話の基礎的研究』風間書房）といった具合である。

ところが、かつての常識は、根底から覆《くつがえ》されてしまった。纒向は確実に出雲と交流をもち、そして、出雲を中心とする山陰地方からは、想像を絶する弥生後期（要するにヤマト建国の直前）の遺跡が、次から次へと出現したからである。

そこでここからは、かつては何もないと信じられていた山陰地方の考古学について考えてみよう。

すでに二十年前、出雲（島根県東部）では、出雲が実在した可能性を示す遺跡はいくつも発見されていた。

昭和五十九年（一九八四）七月、島根県松江《まつえ》市の西方約三十キロの簸川《ひかわ》郡斐川《ひかわ》町（現出雲市）の農道建設予定地の荒神谷遺跡《こうじんだにいせき》の南向きの斜面から、弥生時代中期末（一世紀前半）の銅剣《どうけん》（中細形《なかぼそがた》

Cという型式）が数本発見された。さらに発掘を進めると、四列にびっしりと規則的に並べられた三百五十八本という数の銅剣群が現れたのである。

『出雲国風土記』の大原郡神原《かむはら》の郷《さと》の段には、

天《あめ》の下造《したつく》らしし大神《おほかみ》の御財《みたから》を積《つ》み置《お》き給《たま》ひし処《ところ》なり

とあって、まさに、このあたりに「神宝」が埋まっていることは、八世紀に伝説として残っていたことがわかる。

銅剣三百五十八という数が驚異的だったのは、それまで全国で発掘された銅剣の総数が三百本あまりだったから、一つの遺跡で全国の総数をいっぺんに超えてしまったわけである。

さらにその後の発掘によって、銅矛《どうほこ》十六本と銅鐸《どうたく》六個も見つかっている。銅剣と銅矛が同じ遺跡から発見されたのは初めてで、これも常識はずれだった。

さらに荒神谷遺跡から東南に約三キロの大原郡加茂町（現雲南市）の農道建設現場で、平成八年（一九九六）十月、三十九個の銅鐸が発見された。これが加茂岩倉遺跡《かもいわくらいせき》で、それまで一つの遺跡から発見された銅鐸の最多記録が二十四個で、銅鐸文化圏の中心と威張っていた奈良県全体からの出土数が二十個だったから、やはり普通の遺跡ではなかった。

もっとも「数」だけでは、「出雲はなかった」という常識を覆すことはできなかった。というのも、これら地中に埋められた青銅器は、出雲の人びとが出雲で作られた青銅器を埋めたのではなかった可能性があって、しかもこの考えを支持する史学者が少なくなかったのである。

すなわち、弥生時代の青銅器文化圏をおおまかに分けてみると、瀬戸内海の西側と東側に二分され、しかも九州側が銅矛《どうほこ》文化圏、東側が銅鐸文化圏だった。その双方の境界付近が出雲に当たること、そこで両側の文化圏の人びとが、出雲の地で対峙し、境界祭祀を行なったのではないか、というわけである。そしてだからこそ、銅鐸と銅剣、銅矛が出雲に埋納されていた、ということになるわけである。

このような発想は、それまでの「出雲など、あるはずがない」という思い込みの延長線上にあることは間違いなかった。しかも、出雲に埋められた銅鐸は、確かに銅鐸の本場・畿内で作られたものが多かった。しかし、出雲固有の紋様をもったものも見つかっていることを無視することはできない。

さらに、荒神谷から「湧いて出た」三百本以上の銅剣は、山陰地方特有の「中細形C」と呼ばれる代物《しろもの》だったことを忘れてはなるまい。

これら荒神谷遺跡と加茂岩倉遺跡は、「出雲は実在したかもしれない」という疑念を、史学界に与えたのだった。もっとも、「それでも出雲はなかった」と言い張る学者も少なくはなかった。確かに、この二つの遺跡だけでは、出雲が実在していた決定的な証拠にはならなかったのである。

ところが、ここ数年で、様相は激変した。

出雲が実在していたことどころか、出雲（山陰）のヤマト建国に果たした役割とカラクリをも割り出してしまうという大発見が、相次いだからである。

では、それがどこの遺跡だったのか。以下、山陰地方の考古学について、もう少し深入りしてみよう。

史学者を震撼させた弥生人の脳みそ

弥生時代後期の山陰地方に、侮《あなど》れない勢力が実在したことを証明するのは、荒神谷遺跡や加茂岩倉遺跡だけではない。

弥生時代後期、出雲を中心に、新たな埋葬文化が誕生している。それが、すでに触れた四隅突出型墳丘墓で、島根県から鳥取県、さらには北陸の福井、富山県にまで伝わっている。伝わったのは、埋葬文化だけではない。「山陰系土器」と呼ばれる特殊な土器（鼓の形をしているので「鼓型器台《つつみがたきだい》」という）も、山陰地方を中心に広がり、北陸地方にも伝播している。

驚くべきは、福島県耶麻《やま》郡塩川《しおかわ》町（磐梯山《ばんだいさん》の西側。現喜多方市）で四隅が突出した周溝墓《しゅうこうぼ》が発見されたことだ（ただし、貼石なし）。

山陰地方で盛行《せいこう》した四隅突出という特殊な埋葬文化は、はるか東北地方の片隅にまで影響力をもっていたことになる。

このように、四隅突出型墳丘墓の広がりは、日本海を利用した交易ルートと深い関わりがあったようだ。そして「出雲」も、「島根県東部」という狭い範囲の問題ではなく、このような交易ルート全体を含めて考える必要がある。

そのことを明確にした遺跡が、鳥取県に二つある。それが青谷上寺地《あおやかみじち》遺跡（鳥取市）と妻木晩田《むきばんだ》遺跡（米子市、西伯《さいはく》郡大山《だいせん》町）である。

二つの遺跡の共通点は、日本海に面し、天然の良港をもっていること、朝鮮半島から北部九州、出雲、北陸へと続く水上交通の要衝《ようしょう》であったこと、問題の邪馬台国やヤマト建国の直前の弥生時代後期に繁栄し、しかもヤマト建国後没落していることである。

では、これらが何を意味しているのか、それぞれの遺跡の概要を説明しておこう。

青谷上寺地遺跡が新聞をにぎわせたのは、弥生人の脳みそが腐らずに出土したことだった。なぜこのような代物が出てきたのかというと、この一帯が粘土質の湿地だったから、酸素が遮断されていたためだ。当然のことながら、脳みそのみならず、多くの出土物の保存状態がよかったのだ。いまだ「面」ではなく「線」の発掘にもかかわらず（道路建設工事予定地）、「地下の弥生の博物館」、「弥生の宝箱」という異名をとるほどである。

その豊富な遺物の中でも特徴的なのは、脳みその主が、弥生時代後期の戦争によって死んでいた疑いが強いことだ。というのも、脳みそが見つかった三体の遺骸の周囲は水路のあとで、ここからは殺傷痕《さっしょうこん》を持った人骨をふくむ大量の遺骸が、まるで捨てられるように折り重なっていた（九十体以上）からだ。

またこれが、『魏志』倭人伝に記された「倭国乱《わこくのらん》」の時代（二世紀後半）と重なるところから、一目置かれる遺跡となった。しかも、この遺跡のもう一つの特徴は、「鉄」が大量に発見されたということで、「鉄」の流通にかかわっていた可能性が高くなったこと、だから争乱に巻き込まれた疑いも出てくるのである。

なぜこのようなことがいえるのかは、すぐあとで触れる。

ここで話は、もう一つの鳥取県の妻木晩田遺跡に移ろう。

驚くべき妻木晩田遺跡の規模

妻木晩田遺跡は広大な丘陵全体を覆い尽くすようなイメージの遺跡で、遠く島根半島がはっきりと見える。遺跡の真下の入口には、天然の良港である「潟《かた》（ラグーン）」が備わっていたから、日本海の交通の要衝に発展した弥生遺跡であることがはっきりとわかる。

妻木晩田遺跡の一つの特徴はその大きさで、一五二ヘクタールというのは、佐賀県の吉野ヶ里遺跡の一・三倍あり、日本最大級の弥生集落遺跡ということになる。

この地には、弥生時代中期末から集落ができ始め、弥生時代後期後葉に最大の規模にいたった。丘陵上には、環濠や竪穴《たてあな》住居跡四百棟以上、掘立柱《ほったてばしら》建物跡五百以上、四隅突出型墳丘墓などの墳墓《ふんぼ》が三十四基も残されている。

この遺跡からも、大量の鉄器が発見されているところがミソだ。しかも、青谷上寺地遺跡同様、ヤマトが建国された頃から衰弱し、ややあって消滅している。

弥生後期に大量の鉄を集め、しかもヤマト建国の後に衰弱する……。このような傾向は、二つの遺跡に共通するだけではなく、「出雲」も同様の経過をたどっている。

すでに触れたが、弥生後期の日本海側には、四隅突出型墳丘墓という埋葬文化が盛行した。出雲の西側、出雲市大津《おおつ》町の丘陵上に見つかった西谷墳墓群《にしたにふんぼぐん》には、一辺が四十メートルを超す巨大な四隅突出型墳丘墓がいくつも造築されていた。

墳頂部周辺からは山陰系の土器と吉備の特殊器台、さらには丹後地方や北陸地方の土器が見つかっていて、これが埋葬の儀式に使われた供献土器であった。そして、死者の棺の中には、鉄製の短剣やガラス製のネックレスの管玉《くだたま》、その他の玉類が副葬されていた。

この墳丘墓の様子から見て、強大な勢力をもった首長が出雲の西部に登場していたことがはっきりとしてきた。そして、なぜこの場所なのかといえば、現在の出雲大社の西側に位置する神門《かんど》の

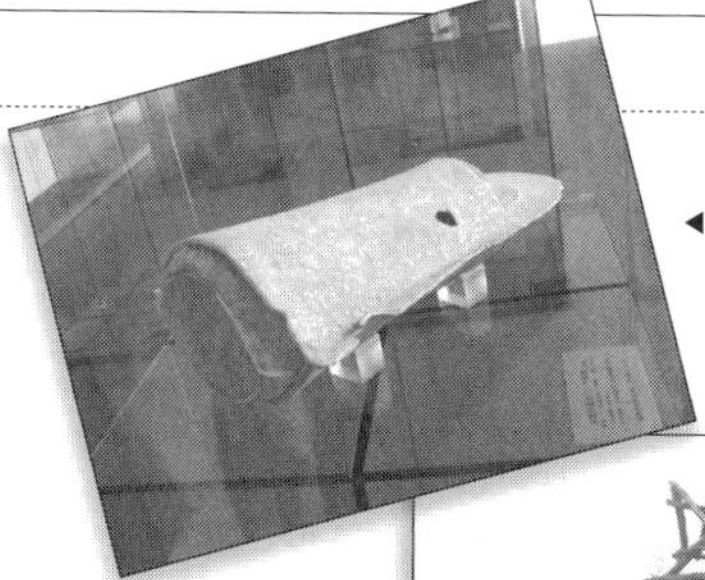

◀加茂岩倉遺跡（島根県雲南市加茂町）では、銅鐸文化圏の中心の奈良県以外から39個の銅鐸が発見された

大量の鉄器が発見された、▶日本最大級の弥生集落遺跡の妻木晩田遺跡（鳥取県米子市、西伯郡大山町）

水海《みずうみ》という絶好の「潟」があったからで、山陰地方の水運との強いつながりが、大きな意味をもっていたことがわかってきた。だからこそ、各地から供献土器が集められていた理由もはっきりする。

それにしても、なぜ出雲や、鳥取県の二つの遺跡は、弥生後期に繁栄を誇ったのち、ヤマト建国後、発展をぴたりと止めてしまうのだろうか。

『日本書紀』の正体を暴く「山陰の鉄のカラクリ」

出雲では、ここまで触れてきたように、弥生後期に四隅突出型墳丘墓という特殊な埋葬文化を取り入れ、各地に影響力を持っていた。ところが、いざヤマト朝廷が誕生して各地に前方後円墳が伝播してみると、どうした理由からか、出雲は前方後方墳《ぜんぽうこうほうふん》（念のためにいっておくが、前方後円墳ではない）や方墳というへそ曲がりの埋葬文化を選択し、衰弱していくのである。

実をいうと、このような山陰地方の弥生時代後期の繁栄と古墳時代の困窮には、「鉄」のカラクリが隠されていたようなのだ。そして、この「山陰の命運を左右した鉄」こそが、実は邪馬台国とヤマト建国の謎を解き明かすための大きなヒントだったのである。

それだけではない。「山陰の鉄のカラクリ」が明らかになってきたおかげで、『日本書紀』がいったいどのような歴史書だったのか、白日のもとにさらけ出されようとしているのだ。

なぜそのようなことがいえるのか、近年の弥生後期の「鉄」をめぐる数々の推理をここに紹介しよう。

まず、弥生時代の日本の最先端地域といえば、とりもなおさず北部九州であった。この一帯は、朝鮮半島にもっとも近く、また、壱岐《いき》、対馬《つしま》を経由するという絶好の航路、さらには博多《はかた》湾という天然の良港を備え、交易によって富を蓄えていたのである。

これに対し、のちに倭国の中心となるヤマトの一帯は、弥生時代後期、「鉄器が枯渇《こかつ》する」という事態に陥っている。

もっとも、邪馬台国畿内説を採る人びとは、ヤマトに鉄がなかったわけではないと反発する。というのも、「鉄器がなくなった」というのは、古墳に副葬されていた鉄器が発見されていないということであって、鉄は腐ってなくなってしまったのか、あるいは鉄器は副葬せず、再利用していたのではないかとして、弥生後期のヤマト周辺の鉄不足は、ただたんに「鉄を土に埋めなかった」、「鉄を土に埋めたとすれば、腐ってなくなった」からだと主張する。

だが、山陰地方では、土中から鉄器が出土しているわけだから、邪馬台国畿内論者の言い分を採ることはできない。

では、なぜヤマトから鉄器が消えたのだろう。そして、文明の利器「鉄器」から見放されたヤマトが、なぜその直後、西日本の中心となってしまった（纒向遺跡）のだろうか。

関門海峡を封鎖していた北部九州

北部九州が、ヤマト側の発展を恐れ、意地悪をしていたのではないかとする説が浮上してきている。

北部九州がヤマトを恐れる最大の理由は、瀬戸内海である。

広大な平野がどこまでも続く大陸とは異なり、隣の集落にいくのに歩いていくよりも船で行ったほうが早いような場所がいくらでも存在していた弥生時代の西日本では、とにもかくにも「水運」を制さない限り、富と力を蓄えることはできなかった。

そういう視点からいって、内海でしかも潮流の変化によって推力を得られる（海底の地形が複雑なため、想像以上の早い潮流が起こる）瀬戸内海は、海の民にとって、願ってもないハイウェイである。

朝鮮半島との交易には壱岐や対馬が、そして列島内の水運を考えた場合、瀬戸内海を制した者が、西日本を制することになる。

そして、そんな瀬戸内海だが、一つだけ欠点を抱えていた。それは、関門海峡が狭すぎたということである。

もちろん、通交するのに支障が出るほど狭いというのではなく、通せんぼをしようと思えば可能な幅だったということである。

近藤喬一《こんどうたかいち》氏は、このような瀬戸内海の欠点を見抜き、
畿内は関門を抑えられたら出られないわけですよ。そら、エジプトなんかよくやるじゃないですか。運河を閉鎖する（『古代出雲王権は存在したか』松本清張編　山陰中央新報社）

と指摘している。

ヤマト周辺から鉄が消えたのは、このような北部九州の意地悪だろう。そして、そうなってみて初めて、弥生後期の山陰の「鉄」の意味がはっきりとしてくる。

島根県教育庁古代文化センター主任研究員の岩橋孝典《いわはしたかのり》氏は、「山陰弥生文化公開シンポジウム　山陰VSヤマト」（二〇〇三年七月十九日）の中で、おおよそ次のように語っている。

まず、弥生時代後期初頭まで、瀬戸内海の流通は機能していた。ところが、後期中葉から、情勢に変化がみられる。北部九州勢力が、瀬戸内海を封鎖した可能性が高い。このため、「西から東」という交易ルートは、日本海側に移っていった。このため、山陰地方の首長層が、急速に力をつけていったというのである。

これが、最新の考古学から導き出された、出雲を中心とする山陰地方の弥生時代後期の動きなのである。

出雲はなかったというかつての常識は、もはや通用しないのであって、弥生後期の西日本の流通を制した出雲が、その後どのようにヤマト建国にかかわっていったのか、それが大きな問題になってくるように思えてならない。

そしてこのことは、いままでの『日本書紀』の神話解釈にも、大きな転換を迫るものとなろう。ヤマト建国の直前、「出雲」は存在したのであり、とするならば、出雲が「ヤマトの敵」として神話に描かれる一方で、「出雲の女人」が神武天皇の正妃に選ばれ、崇神天皇には「ヤマトを造成した神」と称えられたことの意味を、あらためて考え直す必要があるのではあるまいか。

『日本書紀』はヤマト建国の詳細を熟知していた?

出雲は確かに存在していた。そして、ヤマト建国に、なんらかの形でかかわっていた可能性が出てきた。ヤマト朝廷の黎明期の纒向遺跡から大量の山陰系の土器が見つかっているし、纒向の周辺には、「出雲」という地名が残されているからである。

とするならば、はたして『日本書紀』は、ヤマト朝廷と出雲の関係を知っていたのか、あるいは知らなかったのか、……それが大きな問題となってくるのである。

もし八世紀のヤマト朝廷が、ヤマト建国と出雲のつながりを知っていたのなら、「神話」は史実を抹殺するためのカラクリだった疑いも出てくるわけである。

ただし、これまでの常識で考えれば、弥生時代後期の山陰地方の歴史を八世紀のヤマト朝廷が知っているはずもなかった、ということになるのだろう。文字もなく文明度の低かった時代、歴史は後世に伝わるはずがなかったという考えが、史学界を支配しているからである。

しかし、八世紀の朝廷は、三世紀のヤマト建国の様子を熟知していて、だからこそ、真相をはぐらかしたのではないかと思えてならない。なぜならば、最新の考古学の指摘と、『日本書紀』の記述を重ねてみると、偶然とは思えない符合が見いだせるからなのである。

そこで改めて、実在した初代王とされる、崇神天皇に注目してみよう。

そもそも、なぜ崇神天皇は、ヤマトの初代王と考えられているのだろうか。

まず、仮に『日本書紀』の歴代天皇の在位期間の記述が正確だったと仮定すると、『日本書紀』の主張するヤマト朝廷の始祖王・神武天皇は、いまから二千六百年ほど前の人物となり、これはありえないことになる。したがって、神武は「神話」として切り捨てられ、その一方で、それらしき人物が、『日本書紀』に登場していたではないか、ということになった。それが崇神天皇だった。その理由はすでに触れた。神武天皇の記述には、真ん中がすっぽりと抜けていて、その穴を埋めるように、崇神天皇紀があったこと、さらには、二人とも、「ハツクニシラス天皇」と称賛されていたからである。

すなわち、本当の初代王が崇神で、神武はヤマト朝廷の歴史を古く見せかけるために、崇神をモデルに新たに創作された可能性が高いと考えられているわけである。

では、どういう理由をもって、『日本書紀』は崇神天皇を「ハツクニシラス天皇」と称賛しているのだろう。

崇神天皇十二年秋九月の条には、初めて「戸籍《こせき》」をつくり、課役を定めたとあり、この結果、天神地祇もおだやかになり（そもそも課役は、神に捧げる物、という考えがあった。つまり、神にお供《そな》えするものが増えたので、神々のご機嫌はよくなった、といっていることになる）、天候も定まり、穀物はよく稔《みの》り、人びとは豊かになって、天下は平穏になった。だから、「ハツクニシラス天皇（御肇国天皇《はつくにしらすすめらみこと》）」と称えた、というのである。

もちろん、この記事には、律令制度が整っていた時代の潤色《じゅんしょく》があるのはいうまでもない。ただし、気になるのは、直前の崇神天皇十一年夏四月に、四道将軍《しどうしょうぐん》が「戎夷《ひな》を平《む》けたる状《かたち》を以《も》て奏《まう》す」とあり、すなわち、各地のまつろわぬ者ども（反抗者）を打ち破り、ここに凱旋《がいせん》したことが記録されていることだ。

四道将軍の足跡と重なる前方後円墳の伝播

四道将軍は、崇神十年九月に各地に遣わされたと『日本書紀』にはある。

四人の将軍のうちで、開化《かいか》天皇の兄・大彦命《おおひこのみこと》を北陸に、大彦命の子・武渟川別《たけぬなかわわけ》を東海に、吉備津《きびつ》彦《ひこ》（彦《ひこ》五十《い》狭《さ》芹彦命《せりひこのみこと》、第七代孝霊《こうれい》天皇の子）を西道《にしのみち》（山陽道）に、丹波道主命《たにわのちぬしのみこと》（第九代開化天皇の子・彦坐王《ひこいますのみこ》の子ども）を丹波《たんば》に遣わしたというのである。

この『日本書紀』の記述を鵜《う》呑《の》みにすれば、これは、崇神朝が領土の拡大を目指して征服戦を開始したことになるが、ヤマト建国直後の征服劇が史実だとは認められていない。というのも、それだけ強大な軍事力を擁した強圧的な国家が三世紀から四世紀に生まれたという証拠はないこと、『日本書紀』を検証すれば、古代統一国家がつくられたのは、六世紀以降と考えられるためである。少なくとも、『日本書紀』の示す東海、北陸、吉備、丹波という勢力圏が確立されたのは、五世紀のことだったとする考えが、有力視されている。

「国家とは何か」という根源的な定義をどこに置くかで議論は大きくずれてくるのだろうが、少なくとも三世紀に西日本がまずヤマトを中心にまとまり、その新たな埋葬文化は四世紀に入り、東日本も受容していったという事実を無視することはできない。

もちろん、これで九州からヤマト、さらには東北南部にまで渡る広大な領域を制した国家が完成したといっているのではない。そうではなく、少なくとも九州からヤマトを経て、東北南部にまで続く広大な交易圏、ネットワークが完成したことは事実として認められる、ということである。

ここで『古事記』に残された崇神朝の四道将軍の記事に注目してみたい。

そこには、東国に遣わされた二人の将軍は、太平洋側と日本海側から東に、そして北に向かい、ついには福島県の会津若松市付近で落ち合ったと記されているのである。

すでに触れたように、この地が四世紀の前方後円墳の広がりの最北端であり、（会津大塚山古墳に代表される会津盆地の古墳には、三角縁神獣鏡《さんかくぶちしんじゅうきょう》や腕輪形石製品が副葬されていて、ヤマトとのつながりが証明されている）とするならば、四道将軍説話は、ヤマト建国後の「新しい埋葬文化の伝播ルート」を、そのまま「擬人化」したものにほかならなかったのではあるまいか。

そしてここでひと言付け足しておかなければならないのは、弥生時代の東北南部、つまり福島県の会津若松市とその周辺は、いわゆる後世に喧伝《けんでん》された「蝦夷《えみし》の盤踞《ばんきょ》する東北地方」のイメージではなく、日本海側から伝わる新しい文化に敏感な地域だったということなのである。

その証拠に、すでに触れたように、会津若松市にほど近い喜多方市には、弥生時代後期に四隅突出型という埋葬文化が伝わっていたのである（周溝墓）。この埋葬文化は出雲から日本海を経てこの地に伝わったということであり、とするならば、ヤマト建国以前、すでに山陰地方は東北地方と交流をもち、交易を行なっていたということだろう。

そして、ヤマト建国に出雲がかかわっていたことは確かなことなのだから、四道将軍の行動範囲が、前方後円墳の伝播した地域と重なっていた事実を無視することはできなくなってくるのである。

すなわち、八世紀の人びとは、ヤマト建国と同時に、東北南部がヤマトと交流をもち、しかも、前方後円墳というヤマトの文化を受け入れた事実を熟知していて、それでいて、初代神武天皇ではなく、もう一人の「ハツクニシラス天皇」＝第十代崇神天皇の時代にヤマトの黎明期の一現象を組み込んだのではなかったか。

ヤマト建国の歴史を抹殺した『日本書紀』

纒向遺跡の発見によって、三世紀から四世紀にかけてのヤマト建国と、ヤマト朝廷の黎明期の様子が、次第にはっきりとしてきた。そして、纏向遺跡に各地の土器が集まり、しかも前方後円墳というヤマト朝廷のシンボルも、いくつかの地域の埋葬文化をまとめて作られたことがわかってきた。しかも、纏向に集まってくる順番は、北部九州が最後だった疑いが強くなっている。

そうすると、『日本書紀』の記述の中に、ヤマト建国の再現記事が残されていたことになる。たとえば、『日本書紀』の中で、ヤマトの三輪山で祀られる大物主神は、出雲の国譲りの直前、出雲からヤマトに遷し祀られたと記されている。さらに、神武東征の直前のこと、物部氏の祖・饒速日命《にぎはやひのみこと》は、いずこからともなくヤマトに舞い降り、ヤマトに君臨していたという。

神武天皇のヤマト入りは、このあとの出来事であり、仮に神武東征を「ヤマト建国の神話化」と捉《とら》え直すことができるならば、各地から人びとが順次集まり、そして最後の最後に、九州からヤマトの王がやってきたということになる。

この一連の説話は、まさに纏向遺跡の歴史そのものといっていい。ここまで「物証」と歴史記述が符合するのは、八世紀の『日本書紀』の編者が、ヤマト建国の詳細を知り尽くしていたからとしか考えられない。知っていたからこそ、話をいくつにも分解し、神話や二人の初代王に振り分け、本当の話がどのようなものであったのか、実態を把握できないように小細工を施したわけである。

つまり、「纏向遺跡の発見」は、これまでの古代史観を根底から覆すのであり、要するに、『日本書紀』の読み方の変更を迫っていることに早く気づく必要がある。

では、『日本書紀』の読み方をどう変えればいいのか。

簡単なことではないだろうか。『日本書紀』の編者は弥生時代後期から八世紀に続く歴史を知っていて、だからこそ多くの史実を神話の世界に封じ込め、また、歴史時代の真相も、あやふやで曖昧で、真実味のないお伽話にすり替えてしまったということなのである。

もしこの推理が正しければ、八世紀の朝廷には、七世紀はおろか、三世紀のヤマト建国の歴史を改竄する必要があったわけで、その動機を証明できるかどうかが、『日本書紀』最大の問題となってくるわけである。

そこで次章では、『日本書紀』が、誰のために書かれたのか、なぜ『日本書紀』はヤマト建国に遡《さかのぼ》って、歴史を改竄する必要があったのか、『日本書紀』最大の謎に迫ってみよう。

第四章

不比等が企てた『日本書紀』のカラクリ

『日本書紀』に隠された本当の謎

ようやくわれわれは、『日本書紀《にほんしょき》』に隠された本当の謎に行き着いたようである。

それは、なぜ『日本書紀』は、七世紀のみならず、三世紀から四世紀にかけてのヤマト建国の歴史まで改竄《かいざん》する必要があったのか、ということなのである。

八世紀に権力の座を射止めたものが、その直前の政争の正当性を訴えるために『日本書紀』を記したと考えるのが、もっともすっきりする考えであろう。ところが、こともあろうに、『日本書紀』は七世紀のみならず、三世紀に遡って歴史を書きかえようと企んだわけである。

とするならば、考えられることは次の一点である。それは、三世紀と七世紀の歴史は、密接につながっていて、七世紀の歴史を都合のいいように書き改めるためには、まず三世紀の歴史から改竄する必要があったということになる。そして、この図式の中に、『日本書紀』の正体をつき止めるヒントが隠されているということであろう。

ここであらためて問い直されるのは、『日本書紀』とは、誰が何を目的にして書いた歴史書なのかということだ。

すでに触れたように、これまで『日本書紀』は、七世紀の天武《てんむ》天皇が発案し、天武天皇にとって都合のいいように記されたと考えられてきたものだ。ところが、この考えは間違っていたようである。天武天皇の死後、皇后の地位を利用して即位した持統《じとう》天皇と藤原不比等《ふじわらのふひと》のコンビは、天武の遺志を尊重するかのように振る舞いつつ、天武をコケにする政策を練っていたわけである。なぜなら、持統と藤原不比等のコンビは、天智《てんち》と中臣鎌足《なかとみのかまたり》のコンビの再来であり、ここに、知られざる無血クーデターが敢行されていた疑いさえ出てきたからである。

このように、七世紀後半から八世紀の前半にかけて、われわれの知っている歴史とはまったく違う動きが、水面下で進行していたのである。

そこで気になるのは、持統天皇の影にかくれて、あるいは持統を影から操っていた藤原不比等の存在である。この人物が朝堂の主導権を握った段階で、『日本書紀』が編纂《へんさん》されていたという事実こそが問題なのである。

つまり、藤原不比等はまず七世紀の歴史を改竄しようと目論み、その過程で、「藤原氏のための完璧な歴史」を構築しようと考えたのだろう。その時点で、ヤマト建国の諸事情を神話の世界に封印し、あるいは初代王を何人にも分けて、どれが本当の話かわからなくする必要を痛感したのではなかったか。

なぜこのような推理が飛び出してきたのか、しばらく藤原不比等と『日本書紀』について考えてみよう。

平安天智朝が守り抜いた『日本書紀』

『日本書紀』が天武天皇のためにではなく、むしろ天智天皇のために書かれた歴史書だったことは、平安時代を通して、この文書が「煙たがられなかった」ことからもはっきりしている。

というのも、天武天皇の血統は、第四十八代の称徳《しょうとく》天皇で途切れ、このあと、光仁《こうにん》天皇、桓武《かんむ》天皇という天智系の王家にとって代わられ、以後今日にいたるまで、天武系の王は一度も立っていないからである。

すなわち、もし仮に通説のいうように、『日本書紀』が天武天皇のために書かれていたのなら、光仁天皇や桓武天皇の時代に、『日本書紀』は焼き捨てられていた可能性が高いのである。

これは机上の空論ではない。平安王朝は、とことん天武朝を毛嫌いしていた。その証拠に、天皇家の菩提寺《ぼだいじ》・泉涌寺《せんにゅうじ》（京都市東山区）では、天武系の歴代天皇を露骨に無視して、菩提を弔《とむら》っていない。また、第五十四代・仁明《にんみょう》天皇（在位八三三〜八五〇）以後の山陵《さんりょう》の奉幣《ほうへい》（神前に幣《ぬさ》を奉《たてまつ》ること）は、やはり天智から光仁に飛んでしまって、天武系は無視されている。

このことからもはっきりしているのは、平安朝の天智系の天皇は、「天武」を憎んでいたということである。それにもかかわらず、「天武天皇の壬申《じんしん》の乱《らん》の正当性を証明するために書かれた」と

天皇家の菩提寺・泉涌寺（京都市東山区）では、天武系の歴代天皇を無視して、その菩提を弔っていない

通説がいう『日本書紀』は、なぜ守られていったのだろう。

ところで、『日本書紀』は何も、天智系の天皇のためだけに書かれたわけではない。もう一つ大切なことは、藤原氏にとっても都合のいい文書だったということである。

その証拠に、藤原氏は独自に一族の歴史書、『藤氏家伝《とうしかでん》』をしたためているが、奈良時代から平安時代にかけて世に飛び出した多くの文書が『日本書紀』と異なる内容の記述をしばしば見せていながら、唯一、『藤氏家伝』のみが、ほぼ『日本書紀』と内容を同じくしているのである。このことから、『藤氏家伝』と『日本書紀』は、同一の資料を参考に書かれたのだろうと考えられているが、同一の資料を使ったから同じような内容になったというのは間違いではないが、正確な意味を言い当てていない。

問題は、「藤原氏の私的な歴史書」と『日本書紀』の記述がほとんど重なっていたのは、『日本書紀』の記事がことごとく、藤原氏にとって都合が悪くない、ということである。回りくどい言い方をあらためれば、『日本書紀』は天智天皇のために書かれたものであるとともに、藤原氏にとって都合のいい歴史書だったということである。

このことは、天智と中臣鎌足、持統と藤原不比等の親子二代にわたる仲よしコンビを想定すれば、むしろ当然のことなのである。

『日本書紀』は藤原不比等にとって都合のいい歴史書

さて、問題はここからだ。

『日本書紀』編纂時の権力者は藤原不比等だ。だからこそ、不比等の父親・中臣鎌足は比類のない功績を残したと『日本書紀』で顕彰されているわけである。

とするならば、『日本書紀』は、藤原不比等にとって都合のいい歴史書であった可能性は高まるばかりであり、不比等が何を目指して『日本書紀』を編纂したのかが大きな意味を持ってくる。

そこでまず、『日本書紀』編纂の時代背景を知っておく必要がある。

『日本書紀』は西暦七二〇年五月に編纂されたが、同年八月、ときの権力者・右大臣の藤原不比等が没している。したがって、『日本書紀』は藤原不比等最晩年の執念の歴史書だった可能性がある。

もちろん、『日本書紀』の編纂それ自体が藤原不比等の目的だったのではない。『日本書紀』という歴史書を完成させることで、藤原氏の正統性と正当性を主張する必要があった。

まず、これまでの拙著の中でいくたびも触れてきたように、藤原（中臣）氏の出自は実に怪しいものだった。『日本書紀』は神代《かみよ》から続く名族と位置づけているが、神話から中臣鎌足の出現まで、中臣氏の活躍は目立ったものがない。むしろ、中臣鎌足以前、ほとんど空白といっても過言ではないほどなのである。

中臣鎌足の息子の藤原不比等が中心となって編纂された『日本書紀』であるならば、中臣氏の過去をもっと粉飾できたであろうに、それをしていないということは、藤原不比等がつつしみのある人柄だったのか、あるいは飾りようがないほど、中臣鎌足の出自が怪しかったかのどちらかということになる。

では、藤原氏の出自は『日本書紀』の記述とは異なるのだろうか。

平安時代後期の歴史書『大鏡《おおかがみ》』には、中臣鎌足はもともと、茨城県の鹿島神宮《かしまじんぐう》の神官《しんかん》の出身で、都に上って出世した、というようなことが書かれている。このため、中臣鎌足＝茨城県鹿嶋市出身説も捨てがたいものがある。

しかし、中臣鎌足は日本人ではなく、人質として来日していた百済《くだら》王子・豊璋《ほうしょう》と考えると、多くの謎が氷解する（詳細は拙著『藤原氏の正体』新潮文庫）。

いうまでもなく、中臣鎌足は中大兄皇子《なかのおおえのみこ》（のちの天智）の懐刀《ふところがたな》だったが、一度だけ、中大兄皇子の前から姿をくらましている。それはちょうど、豊璋が百済に帰国していた時期に重なってくる。

豊璋は唐《とう》と新羅《しらぎ》の連合軍と戦っていたのだ。すなわち、これが白村江《はくそんこう》の戦い（六六三）で、百済は滅亡し、中国側の史料によれば、こののち豊璋は行方不明になったという。『日本書紀』は豊璋は高句麗《こうくり》に逃れたというが、高句麗に逃れていれば、唐はその情報をもっていたはずだ。また、豊璋は青年時代から長年日本に住んでいた。しかも、決戦の直前、豊璋はヤマトから派遣された水軍の中に紛れ込んでいたから（自軍を捨てて海に逃れている。籠城《ろうじょう》すれば捕らえられ殺されるからだろう。王が臣民《しんみん》を捨てたのであり、この人物の「器の小ささ」がこれでよくわかる。あるいは、生き残りへの執念というべきか）、日本に戻っていたはずである。

そして、豊璋が歴史から姿を消したあと、中臣鎌足がひょっこりと、中大兄皇子の前に戻ってくる。中大兄皇子にとっても白村江の戦いは、生涯最大のピンチであり、このとき、右腕だった中臣鎌足がいなかったことは、普通ならありえない。だが、豊璋と中臣鎌足が同一人物であったと考えると矛盾がなくなる。

さらに、藤原氏が百済系と思われるのは、白村江の戦いのあと、日本に亡命してきた百済系遺民と藤原氏の命運が、そっくりなことだ。

また、百済の長年の宿敵は隣国の新羅だったが、藤原氏が権力を握ってからのち、朝廷は新羅を軽んじ、蔑視《べっし》していく。その理由といえば、藤原氏が百済出身だったからと考えると合点がいく。だいたい、『日本書紀』そのものが、新羅を敵視している。これも理由のないことではなかったはずである。

ちなみに、藤原不比等が冷や飯を喰らっていた天武朝では、新羅とかつてないほど良好な関係を築き上げられていた。この外交関係を反故《ほご》にしたのが、持統天皇と藤原不比等であった。

なぜ藤原氏は蘇我氏にあこがれをいだいていたのか

藤原不比等は生涯、朝堂の最高位、左大臣の地位に立とうとはせず、第二位の右大臣の地位に甘んじた。ただし、物部麻呂《もののべのまろ》が死んでから後、左大臣の座は空席だったから、右大臣が実質上のナンバーワンというかたちにはなっていた。もちろん、刑部親王《おさかべしんのう》や穂積《ほづみ》親王といった天武系の御子《みこ》たちが、知太政官事《ちだじょうかんじ》となってもっとも高い地位にあったが、これはあくまでお飾りに過ぎない。

それにしても、なぜ藤原不比等は左大臣に上りつめようとはしなかったのだろう。それは、藤原不比等特有の「気配り」だったとも考えられるが、本当のところは「渡来系だったから」ではなかったか。新参者だったから、朝堂の頂点に上りつめれば、大きな反発を受ける。そこで、トップの名目上の地位には天武系の御子たちをあてがい、藤原不比等は「ナンバーツー」の地位で凄みをきかせていた、というところだろう。

もちろんその一方で、不比等は、藤原氏の祖を『日本書紀』の中で「日本人」に仕立て上げる必要があった。

藤原不比等がうまかったのは、あまり理屈をこねることをせず、ただ神話の中で中臣氏の祖を登場させ、さらに父・中臣鎌足を、唐突に歴史に登場させたところである。さり気ない記述だからこそ、千年以上にもわたって、われわれは彼らの出自を暴《あば》くことができなかったのである。

また、よく知られているように、藤原氏は『藤氏家伝』などの中で、自らが滅ぼした蘇我入鹿《そがのいるか》や蘇我氏の祖の武内宿禰《たけのうちのすくね》に密《ひそ》かにあこがれさえ示していた。中臣鎌足は蘇我入鹿と同等の知恵者だったとし、さらに、『続日本紀《しょくにほんぎ》』の慶雲《けいうん》四年（七〇七）夏四月十五日の文武《もんむ》天皇の宣命《せんみょう》の中の藤原不比等の忠勤ぶりを褒《ほ》め称《たた》えた記事では、父親の中臣鎌足の働きぶりは、まさに「建内宿禰命《たけのうちのすくねのみこと》の仕《つか》へ奉りける事と同じ事ぞ」と記しているのである。

もし仮に、藤原氏が『日本書紀』のいうような日本古来から続く正統な豪族だったならば、これはありえない事態である。武内宿禰（建内宿禰）になぞらえなくても、中臣氏は神代からつづく名家だったはずだからだ。

藤原不比等が目立たなかったのは、「人徳」ゆえではない。始祖・中臣鎌足以来、権力の座に上りつめるまでに彼らがしでかした事件の数々と恐怖政治が原因であり、多くの人びとの反感を買っていたからである。藤原一族に対する諸豪族の恨みの深さは、梅澤恵美子《うめざわえみこ》氏が『竹取物語と中将姫《ちゅうじょうひめ》伝説』（三一書房）の中で触れている通りだ。

その「憎まれていた帰化人《きかじん》」であることをよく認識していたであろう藤原不比等にすれば、権力の座にとどまるにあたり、極力表舞台に立つのを避けねばならないという自戒があっただろう。だからこそ、傀儡《かいらい》にした天武の御子たちを、裏側から操ることに徹したのではなかったか。

このように、『日本書紀』編纂の最大の目的は、藤原の過去を抹殺し、中臣鎌足を古代史最大の英雄に仕立て上げることにほかならなかったが、もう一つ、大きな目的があったように思われてならない。

というのも藤原不比等には、もう一つの悲願が残されていて、そのためには、『日本書紀』の編纂は急務だったと思えてならないのである。それが首皇子《おびとのみこ》（第四十五代・聖武《しょうむ》天皇。在位七二四〜七四九年）の即位であり、首皇子の帝王教育のため歴史の教科書が必要だったということである。

これが何を意味しているのか、以下しばらく、聖武天皇と藤原不比等について考えておきたい。

天皇家ではなく、藤原氏のために書かれた『日本書紀』

すでに触れたように、『日本書紀』神話のクライマックス・天孫降臨《てんそんこうりん》では、一つ不可解な設定があった。本来ならば天照大神の子・正哉吾勝勝速日天忍穂耳尊《まさかあかつかちはやひあめのおしほみみのみこと》が地上界の王となって君臨すべきだったのに、急きょ孫の天津彦彦火瓊瓊杵尊《あまつひこひこほのににぎのみこと》に入れ替えられたことだ。なぜこのような、不必要な設定を神話に施したというのだろうか。

哲学者の上山春平《うえやましゅんぺい》氏は、これに一つの明解な答えを出している。

まず上山氏は、『日本書紀』編纂の目的を「皇室の日本統治を正当化するためのもの」という津田左右吉によって掲げられたお題目に対し、次のように反論を唱えている。

> おそくとも、五、六世紀ころには、その統治者たるの権威を充分に確立しえていたと思われる天皇家が、八世紀初頭という時点で、なぜにあらためてその権威を正当化する必要があったのだろうか。（中略）
>
> これにたいして、私は、天皇家のかわりに、藤原家というものを、その主体として考える立場をとりたいと思うのである（『神々の体系』中公新書）

まさに正鵠《せいこく》を射《い》ている。『日本書紀』は、天皇家のために書かれたのではなく、藤原不比等が「藤原氏のために書いた」と考えると、多くの謎が解けてくるのである。

さらに上山氏は、先の不可解な神話の設定を、八世紀の皇位継承の図式に当てはめている。

すなわち、神話の天照大神を七世紀の持統女帝に、さらに高皇産霊尊《たかみむすひのみこと》を藤原不比等に当てはめると、当時の皇位継承の流れにぴったりと合ってくるというのである。

まず、持統天皇と天武天皇の間の子・草壁皇子《くさかべのみこ》は皇太子でありながら天武天皇の崩御《ほうぎょ》後、三年間を無為に過ごし、そうこうしている間に病死してしまった。そこで持統天皇が即位し、その後、持統の孫に当たる軽皇子《かるのみこ》が即位することになった。これが第四十二代・文武天皇（在位六九七～七〇七年）で、この「持統の子が即位するはずだったのに、孫が即位した」という図式が、まさに天照大神と天津彦彦火瓊瓊杵尊の関係とそっくりだったわけである。

すでに触れたように、持統天皇の和風諡号《わふうしごう》は高天原広野姫天皇《たかまのはらのひろのひめのすめらみこと》で、高天原《たかまのはら》から下界に光を照らす太陽神のイメージをもっている。これほど持統の立場を雄弁に物語っているネーミングもあるまい。どう考えても、『日本書紀』は持統を「始祖王」として顕彰していることは確かなことなのである。

それはともかく、神話の「子ではなく孫」という図式には、もう一つのカラクリが秘められている。というのも、神話の中で天孫降臨を果たすのは、天照大神の子である天忍穂耳尊と天照大神の黒幕的存在・高皇産霊尊の娘との間の子・天津彦彦火瓊瓊杵尊だったわけだが、この高皇産霊尊こそ、藤原不比等に違いないと、上山氏は指摘している。

その通りだろう。そしてこの図式は、やはり八世紀の皇位継承の図式そのものである。

藤原不比等の悲願は、天皇家に自家の血を送り込み、「藤原の子」を即位させることだった。すなわち、具体的にいえば、宮中に女人を送り込み、天皇に入内《じゅだい》させて子を産ませ、その子を即位させることで、藤原の盤石な体制が生まれる、という読みがあったわけである。

そして事実、藤原不比等は娘の宮子《みやこ》を文武天皇のもとに入内させ、首皇子を産ませることに成功していた。

藤原不比等は首皇子を自宅に囲い込んでいたようで、しかも娘の光明子《こうみょうし》を将来の嫁にと、二人を結びつけることまで考えていた（事実、後に二人は結ばれ、光明子は聖武天皇の正妃《せいひ》に立てられる）。

つまり、藤原不比等にとって、聖武天皇＝藤原の王家の誕生こそが悲願となっていったわけで、だからこそ、神話の中で、天照大神（持統天皇）と高皇産霊尊（藤原不比等）のそれぞれの子どもから生まれた御子を、地上界に降ろすという形をとったことになるのである。

なぜ権力者は天皇家に女人を入れたのか

私見が正しければ、藤原不比等は百済王の末裔であった。だから、『日本書紀』を編纂し、「藤原は日本人」という「定義」づけをしたかったのだろう。誰もがそれを「ウソ」と知っていても、逆らえば何をされるかわからない恐怖心から、「その通り」とうなずかざるを得なかった。そういう「眼光」が、不比等にはあったに違いない。

こうして実権を掌握した藤原不比等であったが、やり残したことが一つあった。それが「藤原の女人から生まれた天皇」を即位させることではなかったか。

なぜ自家の血を混ぜた王が必要だったかというと、これには少し説明が必要だ。

藤原不比等は律令（古代の法制度）を整備し、自らが法解釈をする立場にたつことによって、豪族層の首根っこを押さえた。

不比等が法（律令）整備に打ち込んだのにはわけがある。法を支配した者が天下を動かすことができるからである。

何が法に触れるのか、その場合、どのような罰を受けるのか、それは「法」ではなく、「法を解釈する人」が判断する。ということは、「人びとを支配する法」を支配した藤原不比等が、絶大な権力をもったことはいうまでもない。

ところで、律令の規定では絶対の力をもった者は天皇だった。すなわち、天皇の御璽《ぎょじ》が押された詔書《しょうしょ》がないと、根本的に物事は動かない仕組みになっている。とすれば、天皇がもっとも強いリーダーシップをとったのかというと、そうではない。太政官《だいじょうかん》という合議《ごうぎ》組織が奏上した案件を天皇が追認するのが、詔書の正体であった。そして、さらに奇怪なのは、天皇御璽は天皇自身が管理するのではなく、太政官が管理していたことだ。つまり、実権を握っていたのは太政官で、天皇は「建前上の最高の権力者」の位置にいたということなのである。

ただし、建前のうえとはいえ、「天皇の承認を必要とした」というところが、日本の政治体制の妙でもあった。

要するに、権力者にとっては、天皇は英邁《えいまい》であってほしくない存在であり、むしろその逆のほうが望ましかった。権力者のいうことに首を横に振る人物が即位してしまったら、厄介なことになる。建前上とはいえ、天皇御璽を押すことを許してくれなければ、現実に軍隊も家臣も誰も動かないからである。

したがって、藤原に代わる権力者が台頭してきたとき、仮に帝《みかど》が、「御璽はそちらに預ける」と言い出せば、取り返しのつかないことになりうるわけである。

そこで権力者は、当然のことながら、天皇を身内にしてしまうという手段を用いた。それは、要するに、一族の女人に天皇の子を産ませ、その御子を即位させることだ。この時代は天皇の子も「嫁の実家」で育てられたから、手なずけることができる。そして、不比等が聖武天皇に託した夢も、まさにこれで、律令（法）を支配し、豪族層をねじ伏せ、あとは自家から天皇を生み出せば、藤原の天下は盤石であった。百済からの帰化人であろうとも、誰にも文句はいわせない揺るぎない体制が完成するはずだった。

娘を幽閉してまで不比等が守りたかったこと

ただ、不比等には一つの不安があった。それは、首皇子《おびと》にどのような歴史を教えるかということではなかったか。

というのも、何度も述べているように、藤原不比等がここまで上りつめるまでの間、不比等とその父中臣鎌足は、陰謀と謀略の限りを尽くし、多くの人びとの恨みを買っていた。しかも、持統と不比等は、首皇子の曾祖父にあたる天武天皇の王家を、観念上とはいえ密かに持統・天智系にすり替えてしまっているわけである。

もし仮に首皇子が藤原の「不正義」に気づき、「英傑・天武の末裔」であることに目覚めてしまえば厄介なことになる。

藤原不比等の警戒心の強さはただごとではなく、首皇子が生まれた直後、首皇子を産み落とした母・宮子を、首皇子から引き離し、「気が触れている」とレッテルを貼って自宅に幽閉してしまったことからも明らかだ。

のちに藤原氏がいったん没落したとき、宮子は解放され、三十数年ぶりにわが子に再会するが、このとき、一度介抱されただけで、病気は治ったというから、もともと心の病というのは方便《ほうべん》で、宮子から子の首《おびと》へ、つまらぬ入れ知恵をされるのを恐れた藤原不比等が、宮子を閉じ込めたというのが真相であろう。

宮子は葛城《かつらぎ》の名族・賀茂《かも》氏の血を引いた女人だった。葛城といえば、蘇我氏の本貫地《ほんかんち》ともいわれていたし、神話の「出雲」とも、深い縁で結ばれた土地である。

賀茂氏はヤマトの本当の歴史を語り継いできた一族であったろうから、藤原不比等にすれば、娘とはいえ賀茂の息のかかった女人に、大切な「藤原の子」を託すわけにはいかなかったのだろう。

宮子が解き放たれた直後、聖武天皇は「藤原の子」から、「反藤原の帝」に豹変しているから、藤原不比等の恐れていた事態は、決して杞憂《きゆう》ではなかったのである。

藤原不比等が編纂を指揮した『日本書紀』は、それまでのヤマトの歴史をバラバラにし、藤原にとって危険な情報は、ことごとく改竄されていったはずだ。したがって、歴史を熟知していた者が首皇子の周囲に侍《はべ》ることはどうしても避けたかったろうし、首皇子に対し、徹底的な「藤原の正当性を信じ込ませるための歴史教育」を施す必要を感じていたのではあるまいか。首皇子が、血も藤原、感性も藤原になってくれなければ意味がないからだ。

天皇家と藤原氏の深いつながりを示す系図

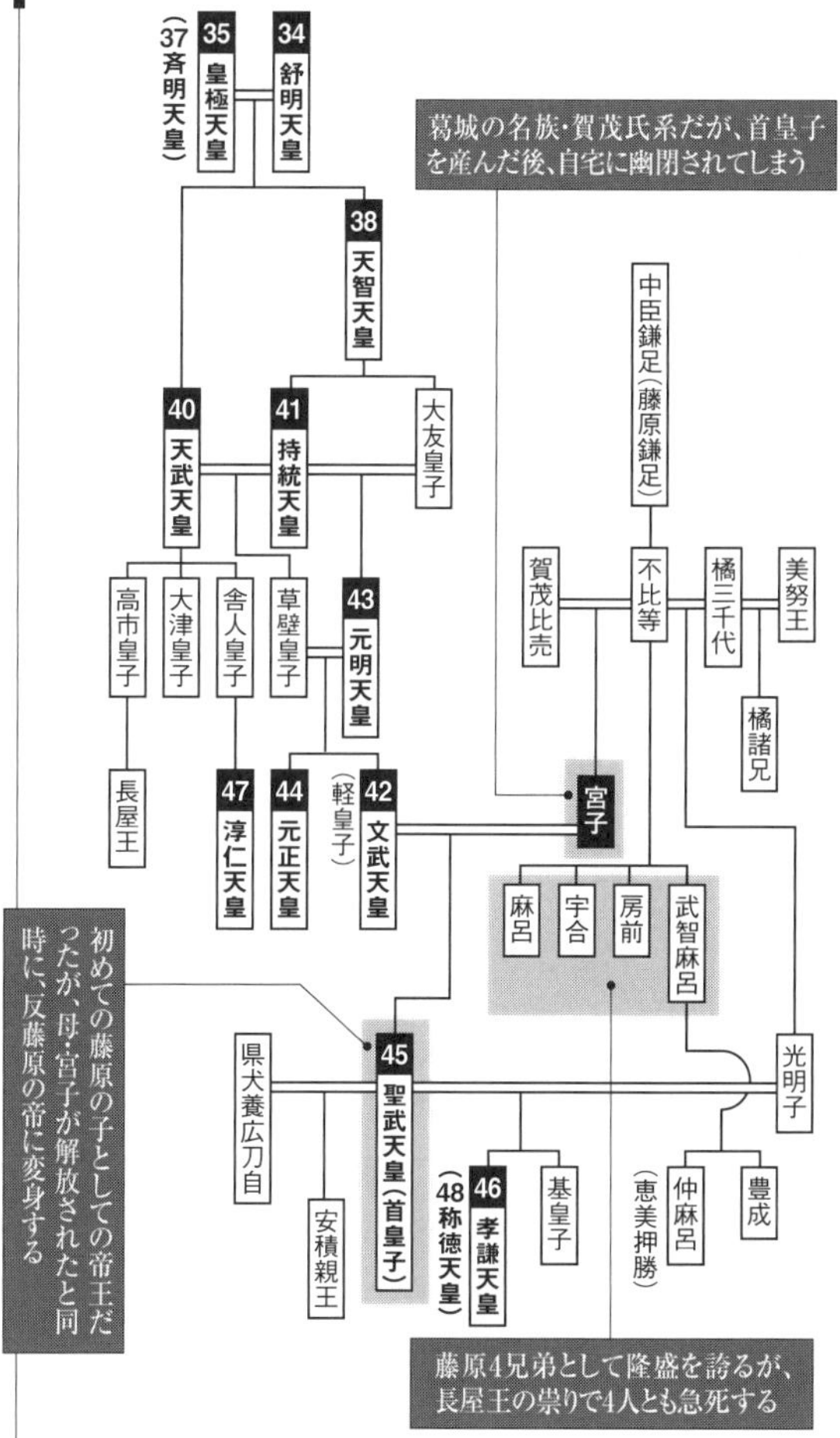

首皇子を藤原の子であり続けさせるための『日本書紀』

興味深いのは、『続日本紀』の養老《ようろう》五年（七二一）正月の記事だ。

そこには、従五位上佐為王《さいのおおきみ》以下十余人にものぼる人びとに、朝廷での公務を終えた後、首皇子のもとに侍《はべ》るようにという命令が下っている。

これは何をしていたかというと、首皇子に帝王教育を行なっていたと考えられる。文芸や学術にすぐれたものばかりが選ばれているのはこのためだ。しかも無視できないのは、多くの者が『藤氏家伝』の中でその才を褒め称えられていたことだ。当然のことながら、藤原氏の息のかかった者たちが進講にあたったのだろう。

また、この中には、和銅《わどう》七年（七一四）二月の「詔《みことのり》して、国史《くにつふみ》を撰《せん》せしめたまふ」という記事に登場する紀朝臣清人《きのあそんきよと》が含まれており、ここにいう国史とは、『日本書紀』のことと考えられていて、『日本書紀』編纂に携わっていた人物が首皇子の「家庭教師」になっていたことがわかる。これは首皇子にできたての『日本書紀』が講義された可能性を強めている。

加藤謙吉《かとうけんきち》氏は、初期の藤原氏（中臣鎌足、藤原不比等、武智麻呂《むちまろ》、仲麻呂《なかまろ》ら）は、渡来系の知識人を側近勢力として掌握していたと指摘し（『日本古代中世の政治と宗教』佐伯有清《さえきありきよ》編　吉川弘文館）、さらに、その渡来系のブレーンの中から『日本書紀』の編纂に携わった者が選出されたのではないかと指摘した。

さらに、『日本書紀』を「国家の威信をかけておこなわれた当時の大事業」と指摘し、『日本書紀』と首皇子の関係について、次のように述べている。

日本の国家の成り立ちと天皇支配の正統性を説く最初の正史である『書紀』は、皇太子の帝王教育に不可欠のテキストであり、その内容に通暁《つうぎょう》することが、次代の君主たる皇太子には強く求められたはずである（『聖徳太子の真実』大山誠一編　平凡社）

確かに、皇族に歴史を教育することは、必要不可欠な事柄だったが、これだけで、事の真相が説明できるわけではないだろう。首皇子に施されたのは単なる帝王教育ではなかったからだ。「初めての藤原の子としての帝王」が首皇子であり、藤原不比等の悲願は首皇子を「藤原の子」であり続けさせることであり、だからこそ、「藤原を正当化した『日本書紀』」が必要不可欠だったのである。

『日本書紀』が隠匿してしまった真実の中身

藤原不比等が娘の宮子を監禁するほど警戒したのは、首皇子が「藤原の子」ではなく、「天武の子」であることを自覚してしまうことだった。

ここにいう「藤原の子」とは、『日本書紀』の礼賛する「藤原」の血を引くことであり、「藤原」が比類なき忠臣であるという『日本書紀』のでっち上げた「幻想」を前提にしていた。だが、藤原の化けの皮が剥がされれば、すべては水泡に帰す。

中臣鎌足や藤原不比等は「天武と敵対」し、「天武を憎んでいた」のだから、首皇子が「天武の末裔」であることは、大きなネックだった。

しかも、藤原と天武の敵対関係には、これまで知られていなかったもう一つの秘密がある。

すでに触れたように、『日本書紀』は壬申の乱のときの尾張《おわり》氏の活躍を抹殺していた。その尾張氏の本貫地は葛城で、また、壬申の乱に際し天武のために体をはった蘇我氏もまた、本貫の地を葛城と自称していた。

なぜ壬申の乱で天武に荷担した尾張氏と蘇我氏が同じ土地に執着したかというと、二つの氏族が、歴史から抹殺された裏側で、固い絆で結ばれていたからである。

実をいうと、『日本書紀』の秘密も、このような蘇我と尾張の根源をたどっていくことで解き明かすことができるように思えてならない。なぜなら、藤原不比等が必死になって首皇子の前から消し去ろうとした事実は、天武天皇の「支持母体」の正体が、蘇我や尾張であり、しかも彼らこそ、ヤマトの輝ける歴史を背負った者たちだったということにほかならないからである。

なぜそのようなことがいえるのか、首皇子と『日本書紀』の真の関係を知るために、話は意外な方向にむかう。それが「出雲」なのである。

すでに触れたように、考古学の進歩によって、ヤマト建国の過程はかなり克明に再現できるようになってきた。そして、神話の世界の絵空事と思われてきた「出雲」が、実際には、ヤマト建国の一つの要因として、大きな地位を占めていた疑いは強くなってきたのである。

では、このような弥生《やよい》後期から三世紀、四世紀にかけての出雲の活躍を、なぜ八世紀の『日本書紀』が抹殺する必要があったのか、前の章で謎を残しておいたのである。

答えは意外に簡単なことだったのだ。というのも、藤原氏が「史上最大の悪人」に仕立て上げた蘇我氏が、神話の世界の出雲と接点をもっていたため、「正統な血筋」と「輝かしい歴史」を持った蘇我氏の正体を、『日本書紀』は抹殺しなければならなかったのである。

蘇我氏と出雲がどこでつながっているというのか。もっともわかりやすい例は、出雲大社の真裏の、スサノオを祀る摂社《せっしゃ》の名が「素鵞社《そがのやしろ》」であることだろう。

なぜスサノオが「ソガ」なのかといえば、出雲に住みついて最初の宮が「須賀《すが》」で、「スガ」が「ソガ」に音韻変化したから「素鵞社」となったのだろう。

その証拠に、スサノオの子・清《すが》之《の》湯《ゆ》山《やま》主《ぬし》三《み》名《な》狭《さ》漏《る》彦《ひこ》八《や》嶋《しま》篠《しの》を、『粟鹿大明神元記《あわがだいみょうじんげんき》』は、「蘇《そ》我《が》能《の》由《ゆ》夜《や》麻《ま》奴《ぬ》斯《し》禰《み》那《な》佐《さ》牟《む》留《る》比《ひ》古《こ》夜《や》斯《し》麻《ま》斯《し》奴《ぬ》」と記している。ここには、「清＝スガ」が「蘇我＝ソガ」と書かれている。

壬申の乱の天武を支える「出雲」

七世紀の蘇我氏の繁栄の地は奈良盆地南端の飛鳥《あすか》だが、「アスカ」は「ア＋スカ」と考えられ、ここにある「スカ」は要するに「スガ」である。

「スガ」という地名は、湿地帯を意味しているが、「アスカ（飛鳥）」がまさに水の都であったことは、近年の発掘によって次第に明らかになってきている。

では、なぜスサノオが「湿地帯」に宮を建てたかというと、これには「鉄」が大きな意味を持っていたからだろう。

タタラ製鉄で用いられる原料は、砂鉄だけではなかった。あまり知られていないが、湿地帯の水面の下には、貴重な鉄資源が眠っていたのである。

葦《あし》や薦《こも》、茅《かや》などの水草の根っこには、鉄バクテリアの増殖によって、水酸化鉄がこびり付く。これが褐鉄鉱《かってっこう》で、その昔は「スズ」と呼び習わしていた。つまり、湿地帯「スカ」は、鉄の民にとって、宝の山だったわけだ。

出雲の基礎を築いたスサノオが「鉄」に密接にかかわっていた疑いは、「スガ」だけではない。『出雲国風土記《いずものくにのふどき》』の飯石《いいし》郡須佐《すさ》の郷《さと》の段によると、この国は小さな国だが、住むにはよいところとスサノオは考え、自分の御魂《みたま》をここに鎮めて置いていかれたのでこの地を須佐というようになったという。

吉野裕《よしのゆたか》氏は『東洋文庫一四五　風土記　吉野裕訳』（平凡社）の中で、「スサノオ」と「鉄」の関係を、次のように述べている。

スもサも鉄分を含む砂（砂鉄）の意をもつ朝鮮語から出た言葉と見るのが適当である。いまでも砂鉄鉱業では「真砂《まさ》」といっている。おそらくはスサダも砂鉄採集のもので、本来はスサ処（ド）であったろう。したがって、スサノオの神は製鉄の神であり、帰化人と関係する

このように、スサノオは鉄の民であって、海や川の洲《す》に堆積《たいせき》した砂鉄を取る男「渚沙（すさ）の男」の意味だとしている。また『日本書紀』はこの神が出雲に舞い降りる以前、新羅に舞い降りた

としているところから、新羅との接点をもっていた。

それではスサノオが新羅からの渡来人かというと、これには少し混み入った事情があったと思われる。このあたりの事情については、拙著『蘇我氏の正体』(新潮文庫)のなかで述べた通りだ。日本列島から一度新羅に渡った人びとが、その後山陰地方に戻ってきたのが本当のところだと思われる。ここでは、詳述は避ける。

それよりもここでの問題は、スサノオが「鉄」とかかわっていたこと、弥生時代後期に出雲が鉄の流通を支配したことで発展した事実と重なってくることである。

このことは、スサノオがまったくの偶像ではなく、「出雲の鉄」という強烈なイメージがまずあって、だからこそ「スサの男」という英雄像が語り継がれてきたということだろう。

そして、スサノオを祀る出雲の神社が「ソガ」であり、その「ソガ(スガ)」がやはり「鉄」とかかわりをもつこと、七世紀の蘇我氏が湿地帯の「スガ=アスカ」を本拠地にしたことも、こうなってみると、まったく意味のないことではなかったと気づかされるのである。

蘇我氏と出雲のつながりは、これだけではない。もっともこのあたりの事情は、他の拙著の中でさんざん述べてきたので、簡単に述べておこう。

七世紀の蘇我氏はどうした理由からか「方墳《ほうふん》」にこだわったが、これは出雲の埋葬文化であった。

蘇我氏の本貫地は葛城山と蘇我氏自身が主張しているが、他の拙著の中で繰り返し述べてきたように、葛城山の神は一言主神《ひとことぬしのかみ》で、この神は出雲の国譲りで最終判断を下した出雲神・言代主神《ことしろぬしのかみ》と同一であった可能性が高い。

コトシロとは「言葉を代弁」することで、神の言葉を人びとに伝える役目を指している。この言代主神の属性は、蘇我氏の祖の武内宿禰とまったく同じなのである。

蘇我氏と出雲には、このようにいくつもの接点が見いだせる。そして尾張氏も、蘇我氏同様「出雲」とは強い縁で結ばれていたのだった。その証拠に、尾張氏は熱田神宮で、スサノオが八岐大蛇《やまたのおろち》退治で手に入れた草薙剣《くさなぎのつるぎ》を祀っている。

このように考えてくると、壬申の乱で天武を後押しした蘇我と尾張は、どちらも「出雲」を通じてつながっていたのであり、また壬申の乱で、天武天皇は出雲神言代主神を丁重に祀っている。これも、意味のないことではなかったろう。

なぜ聖武天皇は宇佐八幡を勧請したのか

さて、材料は出そろったようだ。

『日本書紀』とは、いったいいかなる文書だったのか、いよいよ謎解きは最終段階である。

藤原不比等が『日本書紀』編纂を指揮した目的の一つは、首皇子に帝王教育を施すためだった。

首皇子は初めての「藤原の子」だったから、不比等も必死だったろう。しかも、問題を複雑にしていたのは、首皇子は確かに藤原の子だが、その一方で「天武の子」でもあったことである。

したがって、天武天皇の王権を持統と不比等が乗っ取っていた事実や、天武天皇の正体を抹殺する必要があったのだ。

では、その天武天皇の正体とはいかなるものであったのかというと、詳細は拙著『蘇我氏の正体』に譲る。ただ、ひと言どうしても強調しておかなくてはならないのは、「天武は蘇我系の王」だったということで、だからこそ壬申の乱で蘇我と尾張が後押しし、このあたりの事情を「藤原の『日本書紀』」が隠匿《いんとく》したということになる。その証拠に、乱の後、天武天皇はすぐに都を近江から旧都に遷しているが、これは蘇我氏の地盤＝飛鳥をこよなく愛していたからであろう。

しかし、それよりもここでは、藤原不比等の死後、聖武天皇（首皇子）が「天武の子」であることに目覚め、藤原に反旗を翻《ひるがえ》してしまったことに注目してみたいのだ。

というのも、聖武天皇は藤原にこぶしを振り上げ、挙げ句の果てに、北部九州から宇佐八幡神《うさはちまんしん》を勧請《かんじょう》（神仏の分霊を他の地にも祀ること）しているからである。

なぜ宇佐神宮の祭神をヤマトに勧請したのか……。実をいうと、聖武天皇のこの選択の理由の中に、ヤマト建国から『日本書紀』編纂にいたるとてつもなく大きな歴史の秘密が隠されていたのである。

もちろん聖武天皇は、その事実を知ってしまったからこそ、藤原を憎むようになったと考えられるのである。

では、なぜこのようなことがいえるのか、まずは聖武天皇の藤原離れの場面から順繰りに話を進めていこう。

藤原不比等という巨魁《きょかい》を失ったのちも、藤原氏の体制は盤石だった。不比等の四人の子が政界を牛耳り、我が世の春を謳歌《おうか》していた。そして、聖武天皇は藤原不比等の思惑通り、純粋に「藤原の子」として育てられていた。

天平《てんぴょう》元年（七二九）二月、藤原氏は反藤原派の巨頭だった長屋王《ながやおう》（天武天皇の孫）を陰謀ではめ、一族を自害に追い込み、藤原に逆らう者を根絶やしにしたのである。

ところが、ここから藤原氏にとって悪夢としかいいようがない変事が続いた。兆候はまず、長屋王一家の滅亡の翌年に起きた。神祇官《じんぎかん》の役所に落雷があり、恐れた朝廷は諸国に祭祀《さいし》を命じている（落雷は祟りの象徴だから、これは長屋王の祟りを恐れたということにほかなるまい）。

それからしばらくあって、天平九年（七三七）、九州で流行した天然痘《てんねんとう》が、やがて奈良の都を一気に飲み込んでいったのだ。この年、藤原四兄弟は、全員死んでしまったのである。そしてもちろん、反藤原派が息を吹き返した。その象徴的なできごとは、母を藤原不比等に寝取られた橘諸兄《たちばなのもろえ》が頂点に立ったことである。

聖武天皇が豹変したのはこの直後だった。藤原氏を威圧するかのような行動を繰り返したのである。なぜ聖武天皇は藤原に反旗を翻したのだろう。新たに台頭した反藤原派のいいなりになっていたとも考えられるが、むしろ積極的に行動していたのは聖武天皇であり、これを後押ししていたのが光明子だったところに話の妙がある。

きっかけは、三十数年間幽閉されていた宮子と、光明子の館（もともとは不比等邸）で再会したことであった。不比等の呪縛から解き放たれた母の姿を見て、聖武天皇は、「何かが間違っている」ことを直感したに違いないのだ。そしてもちろん、反藤原派の橘諸兄たちは、持統天皇と藤原不比等のしでかしたこと、天武王家の正体を、聖武天皇に説いてきかせたに違いないのである。

では、聖武天皇を藤原のロボットにするために入内した光明子が、なぜ宮子と聖武を引き合わせるようなことをしたのだろう。それは、光明子がさかんに慈善事業をしているところから、おおよその察しはつく。藤原の陰謀によって、長屋王の一家は罪なくして全滅の運命を負った。彼らの恨みは深く、だからこそ、藤原四兄弟は、祟りによって全滅したと誰もが合点しただろう。そして光明子は「藤原の罪業」に心を痛めたに違いない。だからこそ、父の館の跡を寺に建て替え、病人を介護し、貧しい者に食べ物を与えたのである。

この寺の名が「法華滅罪之寺《ほっけめつざいのてら》（法華寺《ほっけじ》）」であったところに、光明子の苦しみと目指していたものが見えてくる。

宇佐八幡神の正体

聖武天皇こそ、藤原氏にとって都合のいい歴史＝『日本書紀』を日本で初めて「教えられ」、「信じ込んでしまい」、しかものちに、その「ウソとカラクリに気づいた」人だったのである。

その後、聖武天皇が何をしでかしたかというと、東大寺《とうだいじ》の建立《こんりゅう》であり、その過程で宇佐八幡の祭神を勧請したのだった。

繰り返すが、問題は『日本書紀』のカラクリの裏側を見てしまったあとで、「なぜ宇佐八幡を選んだのか」ということなのである。

実をいうと、この「東大寺の宇佐八幡宮（手向山《たむけやま》八幡）」に『日本書紀』の秘密、ヤマト建国の秘密のすべてが隠されていたのである。

まずここではっきりさせておきたいのは、聖武天皇が東大寺建立に選んだ土地のことだ。東大寺が藤原氏の氏寺・興福寺《こうふくじ》の北東側に作られたのには、しっかりとした理由があった。

興福寺は平城京の東のはずれの、高台に位置している。しかも単純な高台に建てられたわけではない。高台のへり、西側と南側が土手になっている構造になっている。このことは、興福寺に実際に立ってみるとよくわかる。南側の階段を下りれば猿沢《さるさわ》池で、西側の急な坂を下れば、近鉄の奈良駅に出るが、そこから先は平城京跡に向かって、勾配のゆるやかな下りが続いている。

要するに、興福寺とは、平城京を威圧する山城にほかならなかった。だから、興福寺こそが藤原氏の象徴であったことになる。東大寺は、さらにその奥にあるのだから、これは興福寺を押さえ込むために建てられた、新たな城である。

では、「反藤原の寺」に、どういう理由で九州から宇佐八幡神が連れてこられなければならなかったのだろうか。

そもそも、宇佐八幡神とは何者なのだろう。

宇佐神宮は、大分県宇佐市南宇佐に鎮座する神社で、祭神は『延喜式《えんぎしき》』によれば、八幡大菩薩、比売神《ひめかみ》、大帯姫《おおたらしひめ》である。八幡大菩薩がのちに応神《おうじん》天皇、さらに大帯姫が神功皇后《じんぐうこうごう》と考えられるようになった。

宇佐八幡の原始的信仰は、神社の背後にそびえる御許山《おもとやま》を神体山《しんたいさん》とし、神の宿ると信じられていた磐座《いわくら》を祀ることに始まったようだ。そして、地理的な条件も手伝って、ここに道教や仏教という大陸的な信仰がかなり早い段階で流入し、土着の信仰に混淆《こんこう》していた。また、最先端の医学もいち早く朝鮮半島からもたらされたのである。

ならば、なぜこの神社の祭神が応神天皇と神功皇后にあてはめられていったのだろうか。

一説に、八幡神と応神天皇が結びつけられたのは、平安時代に入ってからともいわれるが、はた

◀「現人神＝祟り神」を祀る宇佐神宮（大分県宇佐市南宇佐）

藤原氏の氏寺・興福寺を押さえ込むために建てられた東大寺（奈良県奈良市雑司町）▶

してそうだろうか。

不思議なのは、宇佐八幡神が数少ない「現人神《あらひとがみ》」と称えられていることだ。現人神といえば聞こえはいいが、要するに「祟り神」と恐れられていたのである。

土着の自然崇拝の信仰に道教や仏教が重なっただけの宇佐八幡であるならば、なぜ現人神＝祟り神として称えられなければならなかったのだろうか。

一方で応神天皇と神功皇后の母子、どちらも、実際に祟りとは深くつながっているのは、はたして偶然なのであろうか。

神功皇后は平安時代にいたっても祟る神と恐れられたし、応神天皇は九州からヤマトに向かった際、祟る神となったことを匂わす記事が『日本書紀』や『古事記』に残されている。

そして事実、神功皇后と応神が祟って出る理由をもっていたことは、これから述べる通りである。

したがって、宇佐八幡神宮では、かなり早い段階で、神功皇后と応神の母子を祀っていたと考えられる。そしてもう一つ、宇佐八幡とこの母子を結びつける大きな理由があるからだ。しかも、神功皇后も応神もどちらも蘇我氏と密接な関係にあって、だからこそ聖武天皇は、宇佐から八幡神を勧請したとしか思えないのである。

『日本書紀』の謎を明かす聖武天皇の行動

『日本書紀』の謎を解くために、ずいぶん遠回りをしている。だが、ようやく答えは近づいてきたように思う。

ここで問題を整理してみよう。通説は『日本書紀』を天武天皇のために書かれていたと、いまだに信じて疑わない。しかし実際には、この歴史書は、天武と敵対していた者たちの手で書かれていた疑いが強い。具体的に名を挙げると、それは藤原不比等と持統天皇である。

そして『日本書紀』は、天武天皇の前半生を秘匿《ひとく》し、また、持統の父と藤原不比等の父、中大兄皇子（天智天皇）と中臣鎌足のコンビを絶賛したわけである。

ここで、問題は二つ浮上していた。

まず第一に、『日本書紀』は実際には藤原不比等が主体になって書いたのに、なぜ天武天皇の遺志が引き継がれたように見せかけてあったのか。そして、天武天皇の正体はなぜ抹殺されていたのか、ということである。

だが、天武天皇が蘇我や尾張につながる帝であったことがわかってみれば、この謎はほぼ片づいたことになる。天武の王家と「蘇我」を潰したことは、藤原にとって「汚点」だったのだ。だからその「汚点」を「称賛されるべき快挙」にすり替える必要があった。そこで『日本書紀』は、蘇我を「悪」に仕立て上げ、さらに、蘇我と天武の真の関係を断ち切ったわけである。

もう一つの問題は、『日本書紀』が、七世紀から八世紀にかけての歴史を隠匿《いんとく》したことはわかるとしても、それではなぜ、三世紀のヤマト建国まで「知らぬ存ぜぬ」を貫いたのか、その理由がはっきりとしないということなのである。

だがここまでの作業で、多くのヒントを得ることができた。

まず、神話の世界の「出雲」が実在し、しかもヤマト建国に大いにかかわっていたことが、考古学的にはっきりとしてきた。

そして、蘇我氏を滅ぼすことで権力を手に入れた藤原氏が、蘇我氏を悪役に仕立て上げたこと、またその一方で、『日本書紀』が蘇我氏の祖の系譜を黙殺しているのは、蘇我氏が「出雲」につながる名族だったからと察しがついたのである。

つまり、七世紀の蘇我氏から権力を奪った百済王家の末裔・藤原氏は、「蘇我氏のようになりたい」という気持ちと、「蘇我氏の素性を抹殺せねばならない」という必要性から、ヤマト建国の歴史も同時に抹殺せざるを得なかったということであろう。

このようなカラクリがわかり始めると、ヤマト建国の歴史も明らかにできるのではないかと思えてくる。そしてそれは不可能なことではないようだ。

最大のヒントは、聖武天皇の謎の行動だったのである。それが、東大寺建立と宇佐八幡神の勧請にほかならなかった。なぜ聖武天皇は、ヤマトの歴史とは脈絡のないはずの宇佐から、八幡神をヤマトに連れてこようと考えついたのだろう。

これまで、この八世紀の聖武天皇の行動は、「わがままな帝の気まぐれ」ぐらいにしか考えられていなかったのではなかったか。

しかし繰り返すが、聖武天皇は日本で初めて「藤原の作った歴史を習い」、そしてそれを「信じ込み」、さらにそののち、その「カラクリを見破った（あるいは教わった）人物」である。

とするならば、この人物が反藤原の天皇に変心してからのちの行動一つひとつを無視することはできないのである。

では、いよいよ『日本書紀』最後の謎に迫ってみよう。

ヤマト建国をめぐる一つの仮説

筆者はこれまで、ヤマト建国の謎に、一つの仮説を用いてきた。それは、「ヤマト」は「祟り」によって建国された、というもので、その根拠の一つは「初代王」がみな、「鬼」呼ばわりされていることだ。つまり、『日本書紀』に登場する初代王と目される天皇には、奈良時代、「神」の漢風諡号《かんふうしごう》があてがわれたが、この「神」が「鬼」を意味していた。それが初代神武天皇であり、また第十代崇神天皇である。

太古の「神」は、基本的に祟る神であり、要するに鬼と同意語であった。「神」は人びとに恵みをもたらすありがたい存在だが、それ以前に、災害をもたらす大自然であり、それが祟りであり、もちろん人智の及ばぬ神の所業である。

つまり、初代王がことごとく「神」と呼ばれたことは、一神教的な「善なる神」とはまったく意味が違っていたのだ。祟る鬼がヤマトに求められ、だからこそ「神」と称えられたということなのである。

そして、ここで強調しておきたいのは、あと二人、皇族で「神＝鬼」と呼ばれた人びとが実在することで、それが、第十五代応神天皇と、その母・神功皇后なのである。

一般に神功皇后は実在しないとされているが、実在しない女人が、なぜ平安時代にいたるまで「祟りをもたらす恐ろしい女」とみなされていたのか、その説明ができない。これまでの通説は「祟り」の意味を軽視しすぎる。

繰り返すが、祟りは祟られる側にやましい心がなければ成立し得ないのであり、神功皇后は時空を超えて恐れられた、それほど業を背負った女人であったことがわかる。

しかし問題は、『日本書紀』の中で神功皇后は、歴史の勝者として記述されていることだ。角鹿《つぬが》（福井県敦賀《つるが》市）から山口県、北部九州に夷狄征伐《いてきせいばつ》を敢行し、さらに新羅を平定して香椎宮《かしいのみや》で応神を産み落とすと、瀬戸内海を東に向かい、ヤマト入りを阻止しようと立ち上がった応神の異母兄たちを蹴散《けち》らし、ヤマトに凱旋したというのである。

そしてその後、神功皇后は六十九年間摂政として君臨し、死してのちは、応神天皇が即位している。繰り返すが、どう考えても、神功皇后に祟るいわれはない。

だが、これも繰り返しになるが、応神天皇と神功皇后の、どちらも漢風諡号に「神」の名を背負い、やはり彼らが「祟る鬼」であったことを暗示している。

応神や神功皇后を祀る大分県の宇佐八幡宮の特殊神事《とくしゅしんじ》は、やはり「祟る者の鎮魂」という要素が強い。これは、応神と神功皇后が祟る者と考えられていたからとしか思えないのである。

これはいったい何を意味しているのだろう。そして、聖武天皇の宇佐八幡勧請とこれらの謎は、かかわりをもっているのであろうか。

ここで注目すべき点が三つある。

一つは、応神と神功皇后には、常に蘇我氏の祖・武内宿禰が近侍していたこと、そしてもう一つが、七世紀の飛鳥の蘇我の政権が、どうした理由からか、神功皇后といくつもの接点をもっていたこと、そして最後に、神功皇后が「水の女神」と多くの接点をもっていることだ。しかも「水の女神」は、「祟るヒスイの女神」である。

これらが何を意味しているのか、以下説明を加えていこう。もっともこのあたりの事情は、他の拙著の中で繰り返して述べてきたので簡潔に述べておきたい。

第十五代応神天皇も初代王だった

神功皇后は第十五代・応神天皇の母に当たるのだから、仮に通説通り、ヤマト建国時の天皇が第十代の崇神天皇とすれば、順番からいってこの母子は、四世紀後半から五世紀初頭の人ということになる。だが、どうやらそうではないようだ。

『日本書紀』は初代王を神武天皇と崇神天皇に分解して、同一人物の話を二度にわたって語っていた。二度あることが三度あってもおかしくはない。その三度目の正直が、応神天皇なのではなかったか。つまり、応神天皇もヤマトの初代王であり、神武や崇神と同一人物であった疑いが出てくるのである。

応神天皇は、九州を出発したあと、皇位継承問題のもつれで、ヤマト入りを拒否された。そこでやむなく敵対勢力を打ち破って凱旋したが、この「王が九州からやってきてヤマトを攻め落とした」という話は、神武東征とまったく重なってくる。本来二つの話は同一だったと考えられる。

たとえば、九州の神武天皇をヤマトに誘ったのは塩土老翁《しおつつのおじ》（住吉大神）という神だが、かたや応神天皇に付き従い先導したのは、武内宿禰であった。塩土老翁も武内宿禰もどちらも老人のイメージで、両者は同一の神である。その証拠に、七世紀後半、ヤマトから住吉に向けて、大空を笠をかぶった妖怪が飛んでいったという記述が『日本書紀』にあって、この男を『扶桑略記《ふそうりゃっき》』は「蘇我氏」といい、住吉大社の伝承では、「住吉大神」といっている。証言が食い違うようにみえるのは「蘇我（武内宿禰）」と「住吉大神」がダブっているからであり、本来は同じことをいっているだけの話である。

ちなみに、住吉大社を守り続けてきた神官・津守《つもり》氏は尾張氏と同族で、ここでも尾張と蘇我が親しい関係にある。

第一章で述べたように、応神の母・神功皇后が邪馬台国のトヨといたるところで重なっていたことも、ことここにいたり、大きな意味をもっていたことに気づかされるのである。

それはともかく、応神天皇も神武や崇神同様初代王だったということになれば、ヤマト建国の筋書きがはっきりとしてくる。だいたい、「神」の名をもつ三人が、「祟るからヤマトの王になった」と考えれば、つじつまが合ってくるのである。

たとえば、神武東征といえば、九州の王が大軍を率いてヤマトを征服したというイメージがある。だが実際には、神武のヤマト入りは呪術合戦の勝利であり、武力でヤマトを圧倒したのではない。そして、これとそっくりなのが応神のヤマト入りで、これも神武同様呪術合戦であったことは、他の拙著の中ですでに述べた通りだ（『神武東征の謎』PHP文庫）。要するに神武も応神も、祟る神＝鬼だったから人びとに恐れられたのである。

一方、もう一人の初代王・崇神天皇は、疫病に苦しめられ、人口の半分が亡くなるという惨事に見舞われた。そして、なぜこのようなことになったのか占ってみると、出雲神・大物主神《おおものぬしのかみ》の祟りだとわかった。そこで神託通り、大物主神の子を探し出し大物主神を祀らせると、世は平静を取り戻したというのである。

だがこの話、要は神武や応神のヤマト入りをヤマトからみた、ということでしかないことに気づかされる。すなわち、祟ったのは出雲の神であったとしても、それは具体的には、神武や応神といった「祟る神＝鬼」の名を負った者たちが九州に逼塞《ひっそく》し、ヤマトに災いが起きたということ、さらに、「祟る神」をヤマトに招き寄せ、王位を与えたということにほかならない。

では、なぜ九州に祟る王がいたのかといえば、神功皇后が初め角鹿にいて、日本海づたいに山陰側から四隅突出型墳丘墓《よすみとっしゅつがたふんきゅうぼ》の文化圏をなぞるようにして北部九州に入っているところにヒントが隠されていよう。神功皇后の北部九州遠征は、「ヤマトの総意としての遠征」というよりも、「出雲（山陰地方）の意志」によって成し遂げられたと考えたほうがわかりやすい（拙著『呪いと祟りの日本古代史』東京書籍）。

もちろん「出雲」はヤマト建国の一つの要素にはなっていたが、だからといってヤマト朝廷が一枚岩だったわけではあるまい。いまだ新たな政権の枠組みが定かでない混乱状態の中で、日本海側から神功皇后が北部九州に渡ったのではなかったか。『日本書紀』には、北部九州の沿岸地域の多くの首長層があちらから恭順してきたとあり、逆に、手向かった筑紫《つくし》の山門県《やまとのあがた》の女首長を殺して、北部九州は平定されたのだとしている。

問題は、ヤマトに纒向型前方後円墳《まきむくがたぜんぽうこうえんふん》という最初期の前方後円墳ができたとき、北部九州の沿岸地帯では、ヤマトの新たな埋葬文化を、かなり早い段階で取り込んでいたことである。しかも北部九州の首長層は、山陰地方との盛んな交流をもっていたから、『日本書紀』の記す神功皇后の行動は、まさに三世紀の西日本の様子を再現したようなところがある。

しかも、神功皇后が殺した女首長の盤踞《ばんきょ》していた地が山門《やまと》であったことも無視できない。というのも、山門こそ、邪馬台国北部九州説の最有力候補地であり、そこの女首長が殺され、しかもすでに触れたように、殺した神功皇后が、卑弥呼《ひみこ》のあとを継いで女王に立った「台与《とよ》」と、あらゆる場所でつながってくるからなのである。

すなわち、出雲の台与（神功皇后）による山門（邪馬台国）の卑弥呼殺しこそが、ヤマト建国直前の一大事件だったのではなかったか。

藤原との対決を宇佐八幡勧請によって宣言した聖武天皇

ところが、北部九州で力をつけすぎてしまったために、神功皇后はヤマトに疎《うと》まれ、切り捨てられた疑いが強いのである。

なぜそのようなことがいえるのかというと、『日本書紀』の中で「九州にいた武内宿禰が、三韓《さんかん》と結び謀反《むほん》を起こす腹づもりでいると告げ口された」と記されていて、ここに示された武内宿禰の状況と神功皇后の立場がまったく重なってくるからである。

そして第二に、後世神功皇后が「祟る女神」と考えられていたことが大きな意味をもっている。

『日本書紀』や『古事記』に記された応神のヤマト行きの中で、「御子《みこ》は既に亡くなられた」といいふらし、喪船《もふね》を用意し敵を欺《あざむ》いたというが、これは明らかに「祟る神の恐怖」を敵に植え付けようとした事件であって、この呪術的な行為は、神功皇后たちがヤマトに恨みをいだいていたことを裏づけている。なぜ恨むのかといえば、ヤマトに裏切られたからだろう。

ついでまでにいっておくと、神功皇后は北部九州の筑後《ちくご》平野の南のへりの久留米《くるめ》市付近（具体的には高良山《こうらさん》）に拠点を作っていたが、ヤマトに攻められ追われ、海路南部九州に入ったと考えられる。これが天孫降臨神話になったわけで、神武天皇が日向《ひむか》の地からヤマトに向かったのは、この仮説を用いれば、むしろ当然だったことになる。

そして、なぜこのようなヤマト建国をめぐるいざこざが歴史に留《とど》められることなく、神功皇后という女傑《じょけつ》の話になり、また、天孫降臨という神話に化けてしまったのかといえば、神功皇后や応神を陰から支えたもう一人の英雄が武内宿禰だったからにほかなるまい。

このような「宇佐八幡の祭神たちの正体」がはっきりすると、八世紀の聖武天皇が、なぜ藤原氏に対抗するために東大寺を建立し、しかもわざわざ宇佐八幡を勧請したのか、その理由がはっきりとしてくる。

聖武天皇は、藤原不比等の編纂した『日本書紀』から、「日本の始祖王を生んだのは天照大神」と学んだ。しかしそれは真っ赤なウソで、実際には、神功皇后と応神天皇のヤマトを恨む気持ちが、ヤマトの始祖王を誕生させたのだった。すなわち、二人の祟りに怯《おび》えきったヤマトが、南部九州から応神（神武でもある）を迎え入れたのが、ヤマト建国の真相だったのである。

聖武天皇は、宇佐八幡を勧請することによって、「朕《われ》は藤原にだまされていたのだ」と宣言してみせたのだろう。そして、宇佐八幡は、藤原がもっとも恐れる「祟る神」でもあった。なぜなら、藤原四兄弟が全滅したのは、天然痘が原因だったが、当時この病は九州からやってくる疫神によってもたらされるという信仰があったからだ。すなわち、これこそが、「祟る神功皇后」であり、「祟る宇佐八幡」にほかならないのである。

このように、聖武天皇こそが『日本書紀』を学ばされ、日本で最初に信じ込まされ、しかも、日本で最初に「ウソだ」と見抜いた人物だった。そして、『日本書紀』の裏側に隠匿させられた神功皇后と応神天皇に日本で最初に着目した人物でもあったのである。

持統の天香具山の歌が明かすヤマトの秘密

ところで、聖武天皇は藤原四兄弟の急死の後、謎の東国行幸《ぎょうこう》を繰り広げている。

一般には、この行動の真意は「不明」ということになっているが、瀧浪貞子氏は『帝王聖武』（講談社選書メチエ）の中で、これを天武天皇の壬申の乱のルートをなぞったものだと指摘している。

まさにその通りで、聖武天皇は「歴史」をなぞる癖《くせ》があった。具体的には、天武天皇や神功皇后の事蹟《じせき》を追いかけている。

東国行幸によって壬申の乱の旧跡を巡り、藤原に対し無言の圧力をかけ、新たな体制を築き上げようという姿勢をアピールして見せた。さらに、「トヨの国（宇佐八幡宮のあるところは、かつての豊国《とよのくに》)」から「祟るトヨとその御子」を招き寄せ、ヤマト建国を再現して見せているのである。

すなわち、藤原不比等が消してしまった真実の歴史を、藤原四兄弟が急死した直後の聖武天皇は、必死に取り戻そうとしていたに違いないのである。

とするならば、聖武天皇が自ら演じて見せた「壬申の乱」と「ヤマト建国(宇佐八幡勧請)」という「再現劇」の中に、『日本書紀』の謎を解く鍵が残されたとみて大過《たいか》ないだろう。このことは、これまで追い求めてきた推論に、ぴたりと合ってくる。

事実、『日本書紀』は壬申の乱の記述の中で、尾張氏の事蹟を抹殺し、また、ヤマト建国に貢献していた「トヨ」の正体を隠匿し、さらに、武内宿禰の活躍を認めながら、この人物と蘇我氏の系譜のつながりを無視してしまう。聖武天皇は、この『日本書紀』のカラクリを知ってしまったのである。

逆にいえば、聖武天皇の行動の真意がどうしてもつかめず、「謎めく帝」という印象を後世に残してしまったのは、『日本書紀』のカラクリが、長い年月の間に忘れ去られ、つまり、本当の歴史そのものが、民族の記憶から消え去ってしまったからにほかなるまい。

だが、「本当の歴史」というものは、思わぬところにヒントを残しているものなのだ。というのも、これまで述べてきた数々の推理は、たった「一首の歌」とその歌から導き出される「籠《かご》」というキーワードから裏づけられるからである。

その「一首の歌」とは、持統天皇が、無血クーデターに成功し、ついほくそ笑んで書き残してし

◀ヤマトを代表する霊山の天香具山（奈良県橿原市と桜井市にまたがる）

持統天皇が万葉集で詠った謎の歌に登場する天香具山と、浦島太郎伝説が残る籠神社。

籠神社の「籠」は亀甲紋で、▶神の憑代として神聖視された（京都府宮津市）

まった万葉歌である。

『万葉集』巻一―二八には、次のような謎の歌がある。

　天皇の御製歌《おほみうた》

春過《はるす》ぎて夏来《なつきた》るらし白栲《しろたへ》の衣乾《ころもほ》したり天《あま》の香具山《かぐやま》

春が過ぎて夏がやってくるらしい。天香具山に真っ白な衣が干してある、という意味であり、実に即物的な歌だ。この歌の真意を、これまで誰も言い当てることはできなかった。ただたんに「初夏の風情《ふぜい》が漂った名歌」という、勘違いの評価を受けてきたのである。ところが歴史作家・梅澤恵美子氏は、「この歌は天《あま》の羽衣《はごろも》伝承」と喝破《かっぱ》した。

天香具山はヤマトを代表する霊山である。古くは、山は人の入る場所ではなかった。まして、天皇家も頼りにする霊山であるならば、洗濯物を干すなどということは、ありえないことだ。それにもかかわらず、持統は平然と「あそこに白い衣が乾してある」と歌っている。

これは常識の範疇《はんちゅう》を越えていて、とするならば、「たとえ話」だと察しがつく。衣を脱いで干してあったといえば、思い出すのは羽衣伝承しかない。つまり、天香具山で天女《てんにょ》が沐浴《もくよく》をしていて、「あられもない格好」でいるのである。だから、丹後の天の羽衣伝承がそうであったように、あの「白栲の衣」をいま奪ってしまえば、天女は身動きが取れなくなってしまう……。それがこの歌の真意だ、というのである。

卓見であり、この歌の真意を見抜いたことで、これまで解けなかった多くの歴史の謎が氷解する。

まず、持統天皇が羽衣を奪おうとしたその相手は誰だろう。これは天の羽衣伝承の主人公・豊受大神《とようけのおおかみ》とかかわりのある人でなければなるまい。そこで注目されるのが、「飛鳥の蘇我の王家」であった。なぜなら、七世紀の蘇我系の皇族の名のことごとくに天の羽衣伝承の主人公・豊受大神の「トヨ」の名が冠せられていたからである。

聖徳太子は「トヨトミミ」、推古天皇は「トヨミケ」、推古《すいこ》天皇の宮の名は「豊浦宮《とゆらのみや》＝トヨの港の宮」といった具合である。

つまり、「飛鳥の蘇我の王家」に冠せられた「トヨ」とは、「豊受大神のトヨ」であるとともに、応神の母・神功皇后（トヨ）にほかならず、要するに天香具山で沐浴していたのは、七世紀の蘇我の王家を象徴する「トヨ」だったのである。

そして、天武天皇の諡号は天渟中原瀛真人天皇《あまのぬなはらおきのまひとのすめらみこと》で、ここにある「渟中」の「ヌナ」は、ヒスイを意味している。一方、豊受大神は比治《ひじ》の真名井《まない》で沐浴していたところで羽衣を盗まれたのだが、「真名井」は「マヌナイ」で、「ヌナ＝ヒスイの井戸」であった。すなわち、天武天皇も飛鳥の蘇我の王家同様、「トヨ」とつながっていたことがここからもわかる。

他の拙著の中で詳述したように、天武の父は蘇我系王族であった。したがって、持統が奪おうとしていた羽衣は、「蘇我系天武王家」の神宝にほかならず、要するに「天武王家」が標的になっていたことがはっきりとしてくる。

天皇家を動かした「籠」の呪術

あるいは、持統天皇が天香具山の歌を詠っていなければ、『日本書紀』に施された巧妙なカラクリは、永遠に解けなかったかもしれない。それほどこの歌の意味は大きいし、藤原不比等は、持統の勇み足に、あの世で臍《ほぞ》をかんでいるに違いない。歌の舞台となった「天香具山」からは、『日本書紀』の裏側を見抜くためのキーワードが飛び出してくるからである。

では、そのキーワードとは……、それが「籠《かご》」にほかならない。

そこで、『日本書紀』の正体を探る最後の最後に、天香具山とここから導き出されるキーワード「籠」について、述べておかなければならない。

そもそも、天香具山の名の由来はどこから来ているのだろう。「カグ」は古朝鮮語の「カル」から来ているという考えが、有力視されている。すなわち金属冶金《やきん》にまつわる渡来系の人びとが祀る山が天香具山だった、ということになろうか。

しかし、「カグ」には、もう一つの解釈が可能ではないだろうか。というのも、尾張氏の祖に天香山命《あまのかごやまのみこと》がいるが、この人物は天香語山命《あまのかごやまのみこと》とも書かれ、「アマノカゴヤマ」と呼ばれている。すなわち、「カグ」は「カゴ」でもあり、天香具山の「カグ」は、素直に「籠」と解釈すべきではないだろうか。

尾張氏は丹後半島で「籠神社《このじんじゃ》」を祀り、「籠」とは浅からぬ縁で結ばれてもいる。籠神社の伝承には、この地に豊受大神が現れたとき、初め豊受大神は「籠」の中に入って輝いていたという。

籠神社のもう一つの伝承が浦島太郎《うらしまたろう》で、浦島は亀に乗って竜宮城に赴《おもむ》いたが、亀の甲羅《こうら》は亀甲紋で、これは「籠」の紋様そのものである。

古来「籠」は、神の憑代《よりしろ》として神聖視されてきたものだ。その証拠に、天皇家も「籠」という小道具を重用している。大嘗祭《だいじょうさい》で天皇が座るのは「隼人《はやと》の編《あ》んだ籠」で、これには神代にまで遡る深い因縁が隠されている。

さて、ここで「籠」をめぐって、もう一つのキーワードが登場していることにお気づきだろうか。

そう、「籠」は「竹」からつくられるのだが、「竹」は、かつてはそれほど日常的に人びとの生活に使われたわけではなかった。現代的な感覚ではやや意外の感があるが、「竹」は南方系の文化を象徴していたのであって、具体的にいえば、それは南部九州の隼人の文化にほかならなかったのである。

問題は、『日本書紀』が「隼人」を「熊襲《くまそ》」と呼び蔑視していたことで、まつろわぬ者という烙印《らくいん》を押してもいることだ。

その「軽蔑すべき」隼人の呪具「竹」＝「籠」を、なぜ天皇家は重視し、尾張氏は「籠神社」で「籠」に乗った豊受大神という伝承を残してきたのだろうか。

天皇と隼人と籠と三つ並べば思い出すのは、海幸山幸《うみさちやまさち》神話であろう。

海幸山幸神話のあらましは次のようなものだ。

南部九州の地に天孫降臨を果たした天津彦彦火瓊瓊杵尊《あまつひこひこほのににぎのみこと》は大山祇神《おおやまつみのかみ》の娘・鹿葦津姫《かあしつひめ》（木花之開耶姫《このはなのさくやひめ》）を娶《めと》って、三人の男子が生まれた。それが火闌降命《ほのすそりのみこと》（海幸彦《うみさちひこ》）、彦火火出見尊《ひこほほでみのみこと》（山幸彦《やまさちひこ》）、火明命《ほのあかりのみこと》で、順番にそれぞれ、隼人の祖、天皇家の祖、尾張氏の祖になったという。

あるとき海幸彦と山幸彦は、互いの幸《さち》を交換したが山幸彦は兄の釣り針をなくしてしまい、兄はこれを許さなかった。途方に暮れる山幸彦に、「心配なされますな」と言い寄ってきたのが塩土老翁（住吉大神。要するに武内宿禰である）で、この老翁は無目籠《まなしかたま》（水が入り込む隙間もないほど固く編んだ籠）を用意し、山幸彦を中に入れ、海に導いた。こうして海神《わたつみ》の宮で豊玉姫《とよたまひめ》に出会った山幸彦は、三年間をこの宮で過ごす。

その後、故郷に帰った山幸彦は、豊玉姫から授けられた呪術で兄を懲らしめる。そして、豊玉姫が子どもを産みに浜辺にやってくるが、山幸彦があるタブーを破ったので、豊玉姫は子どもの彦波瀲武鸕鷀草葺不合尊《ひこなぎさたけうがやふきあえずのみこと》を残し、陸と海の道を閉ざして帰っていってしまったのである。

これが海幸山幸神話だが、この話の舞台が、まさに隼人の勢力圏であったこと、隼人の風俗が、神話に色濃く繁栄していることは間違いない。

これはいったいなんだろうか。

籠の山・天香具山の真実

『日本書紀』の神話は、ヤマト建国以前の天皇家の祖神は南部九州にいて、隼人とかかわりをもっていたと、ほのめかしていたことになる。そればかりか、「野蛮な熊襲（隼人）」の始祖と天皇家の祖は、血を分けた兄弟だったとまでいっている。この矛盾に満ちた記述を、どう理解すればいいのだろうか。

ちなみに、戦後の合理的発想は、このような神話は根も葉もないことと一笑に付してしまった。

だが『日本書紀』の神話は、作り話にしては出来が悪すぎる。多くの矛盾が放置されたままになっているのは、『記』『紀』神話が天皇家の正統性を証明するための純粋な「創作」などではないことを、逆に明かしている。すなわち、黎明期の天皇家の本当の姿を抹殺するための「歪《ゆが》められた歴史」が「神話の真相」であったと考えたほうがわかりやすいのである。

問題は、その歪みを、どうやって元に戻すことができるのかにかかっているのではなかろうか。

そして、この問題を解決する手段は、いたって単純なように思う。すなわち、天皇家と「籠」「隼人」の因縁は強かったが、八世紀の『日本書紀』の編者は、この事実を素直に認めるわけにはいかず、だからこそ歴史を神話にしてしまったということではなかったか。

その証拠に、初代神武天皇も、「竹籠の呪術」によってヤマト建国を成し遂げている。

神武天皇は瀬戸内海を東に向かい、あと一歩でヤマトに入るというところで、ヤマト土着の長髄彦《ながすねひこ》の抵抗に遭い、後退している。兄を失った神武は、紀伊半島を大きく迂回し、熊野《くまの》からヤマト入りを目指した。そして、奈良盆地までもう目と鼻の先の場所、菟田《うだ》(奈良県宇陀《うだ》市)に行ったときのこと、山に登って見ると、敵の兵が要衝《ようしょう》を固めていて、とてもではないが、先には進めないことを悟った。

するとこの晩、神武天皇の夢枕に天神《あまつかみ》が現れ、次のように語った。

「天香山《あまのかごやま》(天香具山)の社《やしろ》の中の土を取って、天平瓮《あまのひらか》(平らな土器)八十枚をつくり、また厳瓮《いつへ》(甕《かめ》)をつくり、天神地祇《てんじんちぎ》を敬い祀れ。さらに厳呪詛《いつのかしり》を行なえ(呪いをかけろ)。そうすれば、敵はおのずから平伏するであろう」

そこで、二人の使者に賤《いや》しい者の格好をさせ簑笠《みのかさ》を着させて老翁と老婆《ろうば》のようにさせた。

神武は二人に、次のように告げた。

「密かに天香山の頂《いただき》の土を取ってきなさい。ヤマト建国の大業の成否を、二人が土を取って帰れるかどうかで占ってみよう」

二人は覚悟を決め、天香山に向かった。途中、敵兵が「みっともないやつらだ」と笑い、罵声《ばせい》を浴びせた。その隙をついて、二人は天香山に入り土を取り、無事戻ってきた。その土で八十平瓮《やそひらか》と厳瓮を造り、神武天皇は丹生《にう》の川上（奈良県吉野郡東吉野村小川）に登って天神地祇を祀り、敵に呪いをかけたのである。

そして、厳瓮の供物を召し上がって兵を整えた神武天皇は、戦には必ず勝てると確信したというのだ。ヤマトは、こうして神武天皇の「天香具（カゴ）山の呪術」によって平定されたのである。

この「天香具山の呪術」とは、要するに「籠の呪術」であり、三世紀から七世紀に続く、「籠の因縁」に気づかされる。しかもその「籠」が、強く「トヨ」とつながっているところが重要である。

トヨの祟りはヤマトを苦しめ、神武天皇は恐ろしい「トヨの御子」であるからこそ、ヤマトに求められたのだろう。そして、これに刃向かう者に対しては、南部九州で隼人に授かったであろう「籠（天香具山）の呪術」で応戦したのである。

このように、神武天皇が「竹や籠」の本場・南部九州からやってきたこと、アマノカゴ（籠）ヤマの呪術を用いることでヤマト入りができたことは、多くの暗示をわれわれに与えてくれる。

まず、なぜ持統は「天の羽衣が天香具山に干してある」と詠ったのか、その理由がはっきりとすることだ。それはもちろん、「トヨの御子（神武）」が天香具山の呪術を執り行ない、これが「籠の呪術」であったことと無縁ではないだろう。天香具山は「トヨ」と「籠」の山であり、ここにある「トヨ」は、天の羽衣伝承の主人公・豊受大神その人であった。そしてすでに触れたように、ヤマト建国の立役者「トヨ」は、七世紀にいたり蘇我系の王家と強い因縁をもっていた。もちろん持統は、それを熟知していたから歌にしたわけである。

さらに、持統は夫・天武の王家（トヨの王家でもある）を乗っ取ろうと画策し、それを明白な形で歌い上げたのではなく、「天香具山の羽衣伝承」という「暗号めいた歌」によって表白したところに、大きな意味が隠されていたのである。

つまり、次のような仮説――『日本書紀』はヤマト建国の歴史を熟知していたが、これを書き残してしまうと、七世紀の歴史を改竄することはできず、だから都合の悪いことはすべて神話にしてしまった――は、「籠」という決定的な証拠によって証明されるのである。

蛇足ながら付け足しておくと、ある時代まで、「祟るトヨ」、「籠の呪術」は、誰もが知る史実だったようで、このことは『竹取物語』を読めばすぐにわかる。

『竹取物語』の主人公は、あらためて紹介するまでもなく「カグヤ姫」で、これは「カゴ（籠）ヤ姫」であろう。その証拠に、かぐや姫は初め「竹藪」の中で輝いていたとあり、竹取の翁はかぐや姫が小さいので、「竹籠」の中に入れて育てたという。

かぐや姫は藤原の世を恨み（『竹取物語と中将姫伝説』梅澤恵美子　三一書房）、月の都の使者と共に去っていく。このとき、かぐや姫が着込んだのは天の羽衣だった。これは決して偶然ではない。「カグヤ（籠・香具山）」と「羽衣伝承」が、ここでも結びついていたのである。

『日本書紀』の正体

持統天皇と藤原不比等は、天武天皇の崩御後、「天武の王家＝飛鳥の蘇我の王家」の乗っ取りを画策した。静かなクーデターは成功し、『日本書紀』は「クーデターがあった」という、その事実をも、きれいに歴史から消し去ってしまった。このため、通説は持統は天武の遺志を引き継いだのだと、いまだに『日本書紀』の仕掛けた罠にはまったままでいる。

ところが持統が、「天香具山に白栲（白い衣）が干してある」とほくそ笑んだものだから、ここから完全犯罪は崩れ去った。つまり、持統が詠んだ歌には、「天武の王家＝飛鳥の蘇我の王家から天の羽衣という呪具を奪い取ってしまえば、身動きができなくなる」という意味が隠されている。

持統は「籠（天香具山）」の呪術を嘲笑《あざわら》い、トヨではなく、天照大神から始まる新たな王家を生み出していたのである。

もちろん、持統を陰から操り新王家（天照大神＝持統の王家）をプロデュースしたのは、藤原不比等であろう。藤原不比等は百済王家の出身であった可能性が高い。だからこそ、周囲の「正統な一族」を次々になぎ倒さなければ、権力を握ることはできなかった。

前述の『竹取物語』の中で、藤原不比等と目される「くらもちの皇子」を、物語の作者は「ずるい男」と蔑《さげす》み、批判する。

その藤原不比等は、『日本書紀』編纂の中心にいたことは、ほぼ間違いない。そして、不比等は、天武王家を乗っ取り、藤原の子・首皇子（のちの聖武天皇）に、「藤原の正しさ」を教えこむためのテキストに『日本書紀』を選んだ。

こうして首皇子に教え込まれたのは「藤原の正義を証明するための歴史」であり、「藤原と持統が天武の王家を葬り去った」ことや「天武王家と蘇我や尾張のつながり」は、封印されてしまったわけである。

藤原不比等にとっての眼前の敵は天武の王家であり、当初は「天武」の正体を抹殺することこそが、『日本書紀』編纂の目的だったに違いない。ところが筆を進めていくうちに、「天武を消す」には「蘇我」や「尾張」の「正統ぶり」を抹殺する必要に迫られ、そのためにどんどん時代を遡り、ついには三世紀から四世紀にかけてのヤマト建国まで抹消する必要に迫られることになってしまったというのが、本当のところだろう。

最初についた小さなウソが次のウソを呼び、一国の歴史を総取っ替えしなければならないほどの大ウソに化けたわけである。

そして、だからこそ、六世紀以前の『日本書紀』の記述は曖昧模糊《あいまいもこ》となり、真実味が消え失せてしまったということになる。津田左右吉が「歴史ではない」と切り捨てた部分は、「とてもではないが、まともな歴史と考えるわけにはいかない」代物だとしても、「歴史を改竄した痕跡」としての価値を見いだすべきだったのである。

こうして、『日本書紀』に仕掛けられたカラクリは、ようやく千年の年月を距てて、解明されたのである。この間、歴史の裏側、真実の歴史を語りついだ語部たちは無数に存在したに違いない。そして彼らは、ときに『竹取物語』の中で藤原を糾弾してみせ、また、天の羽衣伝承を説いては、『日本書紀』の欺瞞《ぎまん》の解き明かされる日を待ち望んでいたに違いないのだ。

だが、彼らの願いは、なかなか叶うことはなかった。では、はたして彼らの無念の思いは、この本によって、少しでも晴らすことができただろうか。

そうであってくれればいいと、ただ祈るのみである。

終章

『日本書紀』が破壊した日本人の信仰

『日本書紀』によって神は殺された

『日本書紀』と藤原不比等は罪深い。神々の正体を隠し、あるいは神の性をすり替え、太古《たいこ》から継承されてきた日本人の信仰形態を破壊してしまった。古き良き時代の神々は、ここに一度死んでいる。そして、藤原氏は純粋な多神教的神話世界を、アマテラス（天照大神）を頂点とする「やや一神教的な説話」に塗り替えたのだ。

ちなみに、藤原氏の隆盛とともに神仏習合が加速するのは、古い信仰を守ろうと目論んだ人びとが、神道と仏教を融合させていったからだ。仏教もまた多神教的要素が強く、違和感はなかったのだろう。また、かつては神道が仏教にすり寄っていったと信じられていたが、近年は「どちらかというと、神道的信仰が仏教を呑み込んでいったのではないか」と考えられるようになってきた。そのとおりだと思う。たとえば、「お盆」といえば、大事な仏教行事と信じられているが、「お盆に先祖の霊がこの世に戻ってくる」という教えは、仏教ではなく日本的な信仰形態の名残だ。太古の信仰は、神仏習合によって守られたのだ。その副産物が、修験道である。

ところで、「多神教と一神教」と言い出すと難しく聞こえるかもしれないが、簡単に言ってしまえば、「神は唯一絶対の正義」と考える一神教と「神々は人間の考える正義と悪の基準を超越している存在」と考える多神教とに分けるとわかりやすい。

多神教世界の神々は大自然と同意語で、人びとに災い（地震や火山の噴火や嵐や疫病など）をもたらすが、これを丁重に祀《まつ》れば、幸をもたらす神に変身する。多神教の神は両面性を持っていて、神と鬼は同一なのだ。一神教の場合、神は正義で、悪さをしない唯一絶対の存在である。

『日本書紀』神話は多くの神々が登場するから多神教的なのだが、一方で善神・アマテラスと悪神・スサノオという対極の存在を提示している。『日本書紀』はアマテラスを絶賛し、かたやスサノオは手のつけられない暴《あば》れ者として描いている。スサノオは天上界（高天原《たかまがはら》）から追放されるし、地上界に舞い降《お》りる前、賤《いや》しく惨《みじ》めな役回りを押しつけられている。雨降りの中、スサノオは簑笠《みのかさ》を着て神々の家に雨宿りを懇願するが、「穢《けが》らわしい」と、拒絶されている。簑笠は「鬼の象徴的な姿」であり、『日本書紀』編者はしっかりスサノオに「穢れた者」のレッテルを貼っていたわけだ。アマテラスとスサノオは「聖《せい》と賤《せん》」、「正義と悪」に色分けされている。

藤原氏は渡来系で、大陸や半島の「常に敵と戦い、生き残り復讐するための正義」を必要としていた。だから、発想は一神教的になるし、呑気《のんき》な日本人の信仰形態を小馬鹿にしていただろうから、日本の古い信仰形態に手を加えることに、躊躇《ちゅうちょ》はなかったのだろう。

そして、旧豪族層の権威を貶《おとし》めるためにも、新たな信仰形態を用意する必要に迫られたのだと思う。『日本書紀』の神話は、きわめて政治性が高く、本来の多神教的な風景ではない。

多神教は一神教に進歩したのか

ここで「多神教と一神教」について考えておきたい。

人類の信仰は、あらゆる物や現象に精霊は宿るという原始的なアニミズムに始まり、精霊は擬人化され「神」となり、多神教が生まれた。岩や大木に注連縄《しめなわ》が張られ、丁重に祀られているのは、神が物に宿ると信じていたからだ。これに対し、一神教は唯一絶対の神が宇宙を創造し、神に似せて人間を創《つく》り、この世の支配を委《ゆだ》ねたと信じる。また、一神教徒は多神教から抜け出し、進歩したと自負する。たとえば、日本人はおみくじを引いて一喜一憂するし、神社に詣《もう》でて神頼みをするが、一神教徒はこれをおまじないと感じるのだろう。

しかし、多神教から一神教への変遷は、進化ではない。一神教の成り立ちと発想を見つめ直せば、一神教の怖《おそ》ろしさがわかる。

一神教が砂漠で生まれたことから、満天の星を見上げて、絶対に動かない星（北極星）を見つけ、観念的な唯一絶対の神を創作したと考えられてきた。しかし、砂漠に行かなくても、北極星は見える。「砂漠」の意味はもっと別の場所にある。砂漠は生命を拒絶する苛酷な環境だ。誰がここで暮らすことを選択するだろう。豊穣の大地を追われて砂漠にやってきたから、恨み、復讐するために編み出されたのが、唯一絶対の神なのだろう。一神教的発想はしばしば「普遍的」という言葉で表現されるが、原点にあったのは「悲劇的な民族の恨み」であろう。

『旧約聖書』をひもとけば、一神教の意味がわかってくるはずだ。神（ヤハウェ）自身が「私は復讐する」と宣言している。「イザヤ書三四章二節」に、次の一節がある。

まことにヤハウェには、総《すべ》ての国に対する怒りが、総ての軍勢に対する憤《いきどお》りが、ある。彼［ヤハウェ］は彼らを絶滅し、彼らを殺戮《さつりく》にまかせた（『旧約聖書』Ⅶ　イザヤ書』関根清三訳　岩波書店）

一神教の発想は、怖ろしい。豊穣の地に居残る憎い政敵を徹底的に殲滅《せんめつ》することの大義名分を、砂漠の民は手に入れたのだ。ちなみに『新約聖書』は、このような『旧約聖書』の過激な発言をオブラートで包んでいるが、正義（独善）を標榜《ひょうぼう》する一神教であることに変わりはない。さらに、一神教の神は、この世を改造して支配しろと告げている。大自然を抑え込み、動物たちを家畜化して、人間のために利用しろと言っている。これは、人類の奢《おご》りでもある。一神教は虐《しいた》げられた民族の知恵でもあるが、神になりかわって人間が正義を主張できるという発想は、慢心以外の何ものでもないし、日本人には馴染《なじ》まない発想だ。

なぜ、相撲の土俵に女性は上がれないのか

一神教世界から見れば、多神教徒の日本人の発想は奇異で野蛮に映《うつ》るらしい。たとえば、相撲《すもう》の土俵《どひょう》に女性が上《あ》がれないことも、時代遅れと指摘される。相撲協会もしっかりした説明ができないし、一般には「血の穢れ」で説明しようとするが、これも間違いだと思う。太古の日本に、「血の穢れ」という発想はなかったからだ。血は生命の源で、「血《チ》」は「霊《チ》」と同源と信じていた。平安時代にいたり、男性貴族社会（要は藤原氏が支配した社会）が確固たる地位を確立する以前、女性はむしろ優遇され、尊重されていた。ならばなぜ、土俵に女性は上がれないのだろう。

修験者や山の民は、山には女神が宿ると信じていた。だから、「女性が山に入ると山の神に嫉妬されて、怖ろしい目に遭《あ》う」と信じ、女人禁制にした。現代人も、妻を「山の神」と呼ぶ。山の民は入山に際し、男性器を露出し、あるいは地面にこすりつけ、女神を祀ったという。そういう習俗が残っていた。土俵も山と同じ女神の聖地で、大きな男が、女神の手のひらの上で神事（相撲）を行なう。だから、土俵に女性は上がることができないと定められたのだろう（緊急時に女性が入ることは、当然許されることとなのだが）。多神教の発想の意味を、われわれも忘れているのだ。

多神教世界の神々は、大自然と同意語で、人びとに災いをもたらす存在だ。火山の噴火、地震、嵐、雷、疫病、ありとあらゆる災害は、怒り狂う神がもたらすと信じられた。人びとは大自然の猛威（神の意思）に逆らうことはできないとあきらめ、ひたすら神々を祀り、神輿《みこし》に乗せておだてた。ご機嫌となれば、今度は幸をもたらす優《やさ》しくありがたい神に変化する。これが多神教の発想で、「人間の小ささ」を自覚し、大自然にひれ伏す。神々には逆らうことができないという諦念こそが、多神教の長所ではなかろうか。

人類は農耕を選択したことで文明を生み、土地の奪い合いが起き、鉄の武器を持ち、戦争を巻き起こした。敗者は勝者を恨み、次の戦いの正当性を獲得するために、一神教が生まれた。文明と一神教を離して考えることはできない。戦争は権力者と強い武器を生み、文明を発展させ、一神教がもてはやされる。欲望のままに成長は続き、今度は森が消えて、自然に文明は滅びる。その繰り返しの歴史が、農耕を選択した人類の宿命となったのである。

なぜ、人間の欲望はとどまることがないのだろう。一般的に「本能の赴《おもむ》くままに」といえば、悪いイメージで語られることが多いが、本能のままに生きる大自然の動物たちは、地球の秩序を破っていない。大自然の営みこそが、美しい。岸田秀《きしだしゅう》は人間が本能を失って暴走していると指摘している（『ものぐさ精神分析』中公文庫）。そのとおりだろう。

多神教的発想は、けっして時代遅れではないし、野蛮でもない。人類が本能を失ってもなお、ギリギリのところで大自然と共存できる発想が、多神教なのではあるまいか。

『日本書紀』以前の信仰心をもった縄文人

『日本書紀』と藤原氏によって古代の信仰はダメージを受けたが、その本来の姿を蘇らせることは可能だろうか。あるいは、古い信仰を捨て、科学的な生活を送るべきなのだろうか。

「神道とは何か」を語る研究書や一般書は多いが、それは藤原氏が「中臣神道《なかとみしんとう》」を編《あ》み出したあとの神道の歴史を解説しているものがほとんどで、日本列島人が有史以前から（旧石器時代から）守ってきた信仰には無頓着だ。研究ベースの出発点が『日本書紀』神話に登場する神々なのだから、すでに本来の姿からかけはなれてしまっている。これでは、本当の日本人の信仰を知ることはできない。

問題はそれだけではない。原始の信仰（要は『日本書紀』以前の宗教観）は単純で簡単すぎるから、学者は見向きもしないし、研究しても学者の成績にならないのだろう。しかし、日本人がいま、知っておかなければならないのは、原始の純粋な信仰であり、多神教世界の本質なのだと思う。

世界の多くの民族が一神教に染まり、多神教徒は少なくなるばかりだ。先進国の中で多神教的信仰をかたくなに守り続けているのは日本だけで、だからこそ、世界中から奇異な目で見られ、日本人自身も多神教徒の自覚がないため「なぜ日本は異質なのか」を理解していない。これでいいわけがない。混沌《こんとん》と混乱の時代に、日本人が多神教徒であることの意味を、しっかり知る必要がある。日本人は近代以降も、かたくなに多神教的発想を捨てていない。これはなぜか。その答えは、古代の信仰形態に隠されている。

古代日本人の不思議な信仰と発想を明らかにしてくれたのは、宗教学や民俗学ではなく、考古学だった。考古学は大発見を繰り返し、ヤマト建国にいたる太古の日本列島の様子を、ほぼ説明できるようになってきた。しかも日本列島人は、世界史レベルで考えても、不思議な民族だった可能性が高くなってきている。われわれのご先祖様たちは「文明や進歩」に懐疑的であり続けてきたからなのだ。物証がそう語っている。それを考古学者は提示している。のちに触れるように、ヤマト建国も、強い王や富や文明を拒んだ人たちが中心になって、推《お》し進められていたようなのだ。

昔は、北部九州の富を蓄えた強い王が東に向かってヤマトを建国したと信じられていたが、このような推理も、すでに時代遅れだ。弱い者がヤマトに集まってきて、国が生まれていた。

そこで、縄文時代から話を進めていきたいが、まずここで、これまでの発想を変える作業からしていかなければならない。たとえば、三内丸山《さんないまるやま》遺跡（青森県青森市）の発掘調査が進むにつれ、「縄文人は想像以上に進んだ技術をもっていた」ともてはやされるようになったが、縄文人はむしろ文明や進歩に懐疑的だったのではないかと思えてくる。縄文人は土地を改良することを嫌ったし、

「農耕」をも拒絶していた可能性が高いと、考古学者は指摘している。

強い王を拒んだ人びとによるヤマト建国という奇跡

太古の日本人は、文明と進歩を拒《こば》んでいた……。現代人には信じがたい現象が、実際に起きていた。それが、ヤマト建国だった。ヤマトは多神教的な発想から生まれたのだ。日本人の信仰と本当の歴史を知るためにも、ヤマト建国にいたる道のりを確認しておこう。

ヤマト建国の直前、弥生時代後期の青銅器文化圏は、北部九州の銅矛《どうほこ》と東の銅鐸《どうたく》にほぼ分かれていた。この二つの文化圏が、貴重な情報をいまに伝えている。銅矛文化圏には強く富を蓄えた首長（王）が登場し、権威の象徴の銅矛を手に入れ、また墓に埋めた。これに対し、東側では銅鐸を巨大化させ、首長が威信財《いしんざい》を独占できないようにしたのだった。集落の全員で銅鐸を祀り、強い王、富を蓄えた王の出現を嫌っていたのだ。この「弱い王を求める」人びとがまず奈良盆地の東南部に集まり、建国の気運を高め、そのあと出雲や吉備がヤマトに押し寄せ、政治と宗教に特化された前代未聞の都市を出現させていた。これが纏向《まきむく》遺跡（奈良県桜井市）だ。強い王が征服戦を制してヤマトを建国したというかつての常識は、ひっくり返った。

それにしても、なぜこのような不思議な「事件」が成り立ったのだろう。順序立てて説明しておこう。

弥生時代後期の出雲は、北部九州と手を組み、鉄を大量に入手して、富を蓄えた。巨大な四隅突《よすみとっ》出型墳丘墓《しゅつがたふんきゅうぼ》を造り、東に向けて勢力圏を伸ばしていった。ところが、タニハ（但馬《たじま》、丹波《たんば》、丹後《たんご》、若狭《わかさ》）が反発し、逆に西に向かって反撃を開始したのだ。また、タニハは近畿地方や近江、東海に文物《ぶんぶつ》を流して、成長を促した。さらにタニハは播磨《はりま》に進出し、明石海峡争奪戦に乗り出していた。やがて、近江と東海が奈良盆地の東南部に流れ込み、あわてた吉備と出雲が、北部九州との縁を切り、ヤマトに合流した……。これが、考古学の突きとめたヤマト建国のシナリオである。

謎のヤマト建国。さらに掘り下げてみると、そこにはやはり、縄文的な発想が横たわっているようだ。近年、考古学者は「縄文の文化は継承されていた」と指摘し始めている。少なくとも、近畿地方から東は、縄文の香りがするという。たとえば、設楽博己《したらひろみ》は弥生中期中葉以降、北部九州では生産手段の利用の仕方が自己完結型で首長が権威を高め、富を蓄えていったこと、近畿地方はネットワーク型で「縄文時代の互恵的な社会関係がまだ強く働いており、首長の突出度を強める契機がおさえられていた」（『縄文社会と弥生社会』敬文舎）と指摘している。

さらに寺前直人は、近畿地方南部の人びとは、「一時的とはいえ近畿地方南部を中心とした列島中央部の人びとは、大陸・半島からもたらされた魅力的な文明的価値体系に抗することに成功した」（『文明に抗した弥生の人びと』吉川弘文館）と推理した。考古学はヤマト建国前夜の日本列島の不思議な文明（反文明と言うべきか）を、掘り出したのだ。
これまでの常識が、通用しなくなってきている。

「アスカは大悪人・蘇我氏全盛時の都」は真っ赤なウソ

『日本書紀』と藤原氏はヤマト建国の歴史を熟知していたのだろう。しかし、「奇跡的な事件をなし遂げた人びとが政敵の祖たちだった」ゆえに、真相を抹殺してしまったに違いない。また、藤原氏は大陸的な冷徹さをもって旧豪族層を滅ぼし、長い間、継承されてきた「合議制」という多神教的でゆるやかな統治システムを捨て去ったうえで、藤原政権の正当性をでっち上げたのだろう。

多神教社会は、強い王を求めない。織田信長政権が短命だったのも、じつに日本的な現象といえるだろう。逆に、徳川幕府は地方分権を認めたから、三百年保った。じつを言うと、ヤマト建国後三百年近く古墳時代が続いたのも、よく似た理由からだ。巨大な前方後円墳を見れば、ヤマトの王の絶大な権力を想像しがちだ。しかし、それは誤解だ。世界中の王族の墳墓は都の近くに造られるだけで、地方の実力者は巨大な墓は造っていない。これに対し、日本では各地の豪族も、巨大な前方後円墳を造営している（造営を許されている）。前方後円墳は地方分権の象徴なのだ。

強い王を求めなかった日本人なのだから、藤原氏が独裁体制を敷いていた時代は異質で、藤原氏以外の人びととは、みな憂鬱な日々を送っていた。「平安時代」は、イメージとは異なり、暗黒の時代だったから、鎌倉時代は、抑圧されていた人びとが野性味を発揮した時代となったのだ。

日本人は「藤原氏の時代」を嫌っていた。逆に、同じ理由で、藤原氏勃興以前に栄えた「ヤマト（大和）」や「アスカ（飛鳥・明日香）」という地名が大好きなのだ。八世紀に都が平城京（奈良県奈良市）に移ると、人びとはなぜか「アスカ」を懐かしく思い始め、「あのころに戻りたい」と語り合い、その思いを歌にしているのだ。『日本書紀』は、「アスカは大悪人・蘇我氏全盛時の都」と記録するが、これはウソだ。『日本書紀』は改革派の蘇我氏を大悪人にすり替え、そのうえで、藤原氏は蘇我氏の業績と手柄を横取りしている。

藤原氏は大陸的で攻撃的だったが、蘇我氏は多神教的で、合議制を重視した。蘇我氏はゆるやかにつながるネットワークを重視したが、藤原氏は独裁権力を欲《ほっ》した。この差は大きい。

「戦艦ヤマトがもし戦艦トヤマ（富山）だったら、宇宙戦艦トヤマは、はたして生まれただろうか」と、かつて拙著の中で問いかけたことがある。「ト」が末尾につくか先頭につくかだけの違いで、これほど感覚が違うものなのだろうか。そうではなく、日本人は遺伝子の奥深くにご先祖様が感じた「ヤマト」や「アスカ」への郷愁を刻み込んでいるのではあるまいか。

そう考えると、とても悲しくなる。

日本人は、ヤマトやアスカの平和で穏やかな時代を思い出しては涙していたのかもしれない。蘇我氏や旧豪族が活躍した闊達なアスカの都を、懐かしんだのだろう。
藤原氏の罪は深い。

なぜ、日本列島が人種の坩堝になったのか

『日本書紀』は狩猟や漁を得意とする縄文的な（要は農耕をしない）人びとを、「土蜘蛛《つちぐも》」や「国栖《くず》」や「熊襲《くまそ》」などと呼び、蔑視していた。

われわれの子ども時代には「縄文人が弥生人に入れ替わって、ようやく日本列島も文明的な生活を送ることができるようになった」と教えられたような気がする。古墳時代に入っても、渡来系の人びとがもたらした文物や技術によって、日本は発展したという共通の認識がある。しかし、野蛮と文明という概念そのものも、日本人の歴史を見つめ直すことで、激変する可能性がある。人類は文明を選択して、正しかったのだろうか。文明は人を幸せにするだろうか。

話は少し横道にそれる。日本列島にやって来た人びとの遺伝子を解析したところ、興味深い事実が浮かび上がってきた。それは、遺伝子の種類が多彩であったこと、アフリカを飛び出したホモサピエンスたちのほぼすべてが、日本列島にやって来ていたことがわかってきたのだ。なぜ、日本列島が人種の坩堝《るつぼ》になったのだろう。

ここでさらに、話はそれる。そもそも、なぜ、黒人はアフリカ大陸に固まっていて、アフリカから飛び出した人びとは、肌が黒くないのだろう。高野信夫《たかののぶお》は『黒人→白人→黄色人』（三一書房）の中で、次の仮説を掲げ《かか》ている。突然変異によって黒人の中に白子《しろこ》が生まれ、彼らが差別され、迫害され、隔離されたのではないかという。さらに、白子同士が結ばれ、皮膚の色素が薄い因子が定着し、アフリカを飛び出したのではないかというのだ。

この仮説は、説得力がある。ただし、なかなか認められていないのは、西洋人が納得しないからだ。しかし、冒険心によって人類は世界に広がっていったという仮説よりも、整合性が高い。あるいは、獲物《えもの》を追っているうちに、地の果てまで来たという推理よりも、よほどましだ。

なぜ、このような話をしたかというと、アフリカを飛び出した人々の中でも、弱い人びとがどんどん追いやられて、極東の島国にたどり着いたのではないかと思えてならないからだ。

いろいろな遺伝子を携《たずさ》えた人びとが、命からがら逃げてきて、混淆《こんこう》して列島人が生まれたのではなかったか。しかも、彼らは身体能力の劣る人びとで、追われてやってきたのだろう。弥生時代や古墳時代の渡来人たちも、「日本を征服してやろう」と野心をいだいていたわけではなく、その多くはボートピープルであり、圧力をかけてくる権力者を嫌って日本列島に渡ってきたのが本当のところだろう。秦の始皇帝の圧政に辟易《へきえき》して、皇帝をだまして大海原《おおうなばら》に漕《こ》ぎ出した徐福《じょふく》がいい例だ。徐福伝説を過大評価し、徐福が日本を征服したのではないかと考える人もいるが、徐福は日本にやってきて、「もう文明はこりごりだ」と伝えたに違いない。

祠のご神体をせせら笑った福沢諭吉

日本列島人は、古代から今日にいたるまで、多神教徒であり続けた。渡来系の藤原氏の台頭と『日本書紀』編纂《へんさん》で神道は変質したが、日本人の三つ子の魂は死ななかった。大自然にはどう足掻《あが》いても太刀《たち》打《う》ちできないという諦念を、日本人は捨てなかったのだ。

神になりかわって世界を支配できると信じた一神教は、「進歩した信仰」ではなく、むしろ、人類の思い上がりだと思う。そして、現代日本では多神教は自覚のない信仰形態となっているが、一度だけ、一神教的な世界観に憧《あこが》れた時期があった。きっかけはペリー来航と明治維新である。

強力な火力（文明）に日本は圧倒され、開国を余儀なくされた。このため、西洋に追いつき追い越せが大きなスローガンとなり、富国強兵策がとられるようになった。また、西洋の帝国主義を真似して、天皇を一神教の神のように唯一絶対の存在に仕立て上げ、植民地支配の大義名分にしたのだ。帝国主義の国々は、多神教の野蛮な民族を一神教の高みに引き上げる必要（義務）があるといって、植民地支配を正当化していた。日本もこれに倣《なら》い、アジアに進出していったわけだ。しかし、日本は手痛い敗北を喫《きっ》し、戦後の天皇は象徴となられ、多神教徒の神に戻った。近代のいわゆる「天皇制」だけが一神教的で、これは異常な状態だった。

日本人が、唯一絶対の神を戴《いただ》くことは、無理なのだ。そして、日本人の常識は世界の非常識と指摘されるが、それは当然のことだ。一神教徒は「神の正義を人間が具現化する」が、それは独善と紙一重《かみひとえ》であり、日本人の常識が世界に通用しなくとも、だからといって、日本人が間違っているかというと、それほど問題は単純ではない。

福沢諭吉《ふくざわゆきち》は少年時代、日本の古い信仰形態を「暗愚《あんぐ》」と決めつけ、近所の祠《ほこら》の中に祀られていたご神体の石をどけて、大人たちが何も知らずに祠を拝《おが》んでいる様子を見て、「迷信」、「おまじない」と軽蔑している。この逸話について「さすが開明派」と、これまでは礼賛されてきたものだ。しかし、路傍《ろぼう》の石にも精霊は宿ると信じた多神教徒の「無邪気で無垢《むく》」な信仰形態は、むしろ見直されるべきではなかろうか。

島崎藤村《しまざきとうそん》が小説の中で、幕末を「夜明け前」と表現したように、明治時代のインテリ層の中には、日本の文化を恥じ、「日本に歴史はない。いまから始まる」と、唱える者が少なくなかった。しかし、じつを言うと、西洋ではこのころ、すでに「近代に対する懐疑」の思想が芽生《めば》え始めていて、西洋文明の限界が取り沙汰されていたのだ。近代日本は、そこには目もくれず、ひたすら西洋文明を受け売りしていたわけである。

このまま一神教の論理で地球が回り続ければ、人類滅亡も、そう遠い話ではなくなるだろう。だからこそ、ここであえて、多神教と一神教の話を取り上げている。

信仰と科学と文明を学び直す理由

科学が進歩したこの時代、信仰や宗教を学んで何の得があるのかと思われるかもしれない。しかし、西洋文明が生み出した科学や哲学、共産主義は、キリスト教から派生している。近代文明も、宗教と密接につながっていて、国の統治システムともかかわりが深い。信仰と文明と科学は、強い因果でつながっている。藤原氏が国のあり方を変えるために、信仰形態にメスを入れたのも、当然のことだった。そこで、キリスト教と科学の話をしよう。

敬虔《けいけん》なクリスチャンの中には、「神を信じ、祈りを捧《ささ》げているのに、なぜ、災難が降りかかるのか」と、疑念をいだく者が現れた。そして、「何か法則性が隠されているのではないか」と思い立ち、謎解《と》きを始めた。この結果、十六世紀から十七世紀にかけて、自然科学が花開いた。また、機械時計が登場すると、「世界は機械に喩《たと》えて説明できるのではないか」と、発想が浮かんだのだ。

たとえば、イギリスの哲学者フランシス・ベーコン（一五六一〜一六二六）は、科学はそれまでの魔術的自然観を克服し、自然のすべてを「幾何学の延長」として数学的合理性を当てはめれば、大自然も支配できると考えた。発見や発明によって人間は自然の奴隷状態から解放されると説いたのだ（機械論的自然観）。フランスの哲学者デカルト（一五九六〜一六五〇）も、『方法序説』の中で科学万能を謳《うた》い、自然を機械に見立て、人間の理性が自然を支配できると豪語している。

西洋が生み出した科学や哲学、共産主義には、「神は神に似せて人間を創ったのだから、人間の理性は神の考えそのものだ」という発想が根底にある。多神教から一神教への変化は進歩ではなく、「勘違いを繰り返している」にすぎないのではないか。

すでに述べたように、かつて、西洋文明を築き上げた人びとは多神教徒を「救済」するために啓蒙し、支配する必要があると考えた（帝国主義）。それは一方的な奢りであり、多神教徒にとってじつにありがた迷惑な発想なのだが、武力に勝る一神教徒は、世界を席巻してしまい、一神教徒の考える「ルール」が、世界の基準になってしまった。だから、「西洋は進んでいる」という誤解が生じた。西洋が進歩して正しいのではなく、一神教徒が世界を支配できると信じ、世界に向けて「神になりかわって人間が描いた理想」を実現するための「ルール」を振りかざしているに過ぎない。多神教世界の住民は一神教徒の「独善」に振り回されているだけの話ではないのか。

古代史の話なのに、なぜこのような話に行き着くのかというと、現代史と古代史はつながっていて、縄文人のいだいた苦悩を、いまわれわれが共有しているからだ。縄文人は「稲作（文明）」を選択すれば豊かになるが、破綻《はたん》と戦争が待ち構えている」と苦悩した。さらに八世紀には『日本書紀』が編纂され、藤原氏の独裁が始まり、「藤原以外の人びと」は塗炭《とたん》の苦しみを味わった。それはなぜかといえば、藤原氏が大陸的な文明の寵児《ちょうじ》だったからではないかと疑っている。

スサノオの神話を葬った藤原氏

スサノオが『日本書紀』神話の中で簑笠を着せられて蔑《さげす》まれたのは、スサノオが蘇我氏の祖だったからと筆者はにらんでいる。スサノオの最初の宮は須賀宮《すがのみや》（島根県雲南市）で、この宮で生まれたスサノオの子に清之湯山主三名狭漏彦八嶋篠《すがのゆやまぬしみなさるひこやしましの》がいて、名前の頭に宮と同じ「スガ」があてがわれる。但馬国一宮《いちのみや》の粟鹿《あわが》神社（兵庫県朝来《あさご》市）の『粟鹿大明神元記』に同じ神が登場するが、ここでは「蘇我能由夜麻奴斯禰那佐牟留比古夜斯麻斯奴《そがのゆやまぬしみなさむるひこやしましぬ》」と、「スガ」が「ソガ」に変化している。出雲大社本殿真裏《まうら》のスサノオを祀る祠は「素鵞社」だが、これは「スガのやしろ」ではなく「ソガのやしろ」と読む。蘇我倉山田石川麻呂《そがのくらやまだいしかわまろ》の末裔《まつえい》が祀る宗我坐宗我都比古《そがにますそがつひこ》神社（奈良県橿原《かしはら》市）の最寄り駅は「真菅《ますが》駅」で、「ソガ」は「スガ」で祀られている。スサノオの末裔が蘇我氏で、藤原氏は蘇我氏とスサノオの両方を蔑視したうえで、系譜上の関係を断ち切ったのだろう。

そのスサノオは神話の異伝の中で、一度朝鮮半島に舞い降り、日本にやってきたとある。そのときスサノオは「朝鮮には金属の宝があるが、日本には浮く宝がなければならない」と言い放った。「浮く宝」とは丸木舟のことで、さらには建材や燃料に使う木材の意味だ。このあとスサノオは日本中に植林をしていったという。

このスサノオの神話は、古代日本人の文明論ではあるまいか。

神話はヤマト建国直前の日本列島を活写したものだと思う。中国では後漢が衰退し、三国鼎立状態に突入する時代だ。疫病や飢餓、戦乱によって、人口は最盛期の十分の一にまで減ったという（戸籍上の人口だが）。文明は一度滅びようとしていたのだ。もちろん、この大混乱は朝鮮半島や日本列島にも影響を与えた。後漢を後ろ盾として北部九州は鉄器を独占的に入手していたが、次第に東側に流出していった。また、朝鮮半島南部に鉄の産地があって、方々《ほうぼう》から人びとが押し寄せていたことがわかっている。

スサノオも、山陰地方から鉄を求めて海を渡った有力者だったのだろう。ただ、彼は、大陸や朝鮮半島の「文明的」な地域を訪ね、驚いたのではなかったか。冶金《やきん》のために森は消え、争いは絶えず、地獄絵巻を見たのだろう。「文明はいったい何をもたらすのか」を知ってしまったスサノオは、「日本には浮く宝が必要」と、悟ったに違いない。縄文時代から続く、「文明に抗《あらが》う文化」の中で育ったスサノオだからこその感想だったかもしれない。

もちろん、渡来系で日本乗っ取りを計画した藤原氏は、日本人の文化と伝統を見下していただろうし、「文明人」として、冷徹にヤマト政権の弱点を見抜き（建国直後から合議制を重視していた）、「度がすぎるお人好し」につけ込み、政敵を次から次と葬《ほうむ》っていったのだろう。

目覚めよ、日本人

江戸時代の国学者・本居宣長《もとおりのりなが》は、『古事記』を「大和心《やまとごころ》」、『日本書紀』を「漢意《からごころ》」と色分けした。『日本書紀』は漢文（一部不正確）で記されるが、『古事記』は漢字に日本語の音を当てはめるという涙ぐましい努力を重ねて描かれている。だから、大和心（日本らしさということになるか）を強く求めた本居宣長は、正史『日本書紀』よりも『古事記』を重視したのだ。

『古事記』と『日本書紀』の違いについて、ここで改めて触れようとは思わない。注目したいのは、江戸時代の段階で、「大和心」に猛烈にこだわった本居宣長の心情であり、これが個人的で特異な感情だったのかどうか、である。

古来、日本人は中国の文明の導入にあまり積極的ではなかった。遣隋使や遣唐使の時代から、すでに、ありとあらゆる文物と技術を取り入れようとしたわけではなかった。日本の文化に合った物だけを持ち帰ってくるという「癖」があった。

最大の理由は、縄文人やスサノオがそうだったように、「農耕や文明を受け入れれば、やがて破滅が訪れる」ことを、よく知っていたからではあるまいか。しかも中国は、格好の反面教師だった。

漢民族のY染色体（父から男子に伝わる遺伝子で、部分的な突然変異は起こりうるが、原則そのままコピーされていく）はじつに単純で、単一民族といっても過言ではない。あれだけ広い国土をもちながら、なぜY染色体は単純なんだろう。日本人の遺伝子の多様性とは、正反対だ。

答えははっきりとわかっている。漢民族には「共存」を拒む伝統がある。他民族と争い、打ち破ると、男性を皆殺しにしてしまうことがしばしばだった。敵の男性の遺体を切り刻み、塩漬けにして、王に献上し、あるいはみなで食した。これを「醢《すし》」という。桑原隲蔵《くわばらじつぞう》は、この「醢」が中国の文献にさんざん登場すると指摘している（『桑原隲蔵全集　第二巻　東洋文明史論叢《ろんそう》』岩波書店）。他民族の男性を皆殺しにしたから、漢民族の遺伝子は単純になっていったのだ。じつに怖ろしいことではないか。これが、世界一の文明国・中国の正体である。

太古から列島人は、文明の怖ろしさを知っていたのだろう。ただし、多くの人びとが渡ってきたから、日本人も大陸的な発想に変質していてもおかしくなかった。それがなかったのはなぜか。そのヒントが日本語なのだ。子どものころから日本語を話していると、虫などの音色《ねいろ》を世界中の人びとは左右逆の脳で聞き取るようになるという。他民族にとっては機械音のような虫の声を、日本人は愛《め》でるようになったわけだ。このため、日本人の心情の特徴は、①情緒《じょうちょ》性、②自然性、③非論理性なのだという（角田忠信『日本語人の脳』言叢社《げんそうしゃ》）。日本語の原型は縄文時代中期ごろ誕生していたのではないかと考えられているから、日本列島人が多神教的で、情緒的だった意味がわかってくる。文明に抗ったという話も、現代人から見れば奇異に映るが、真実だった可能性が高まる。

『日本書紀』をめぐる本書の最後に、なぜ、日本人の信仰を取り上げたかというと、『日本書紀』と藤原氏によって破壊し尽くされた日本人の伝統と信仰を、いまどうしても取り戻したかったからなのだ。混乱と昏迷の時代だからこそ、歴史を学び、日本の神、日本人の信仰、そして天皇の正体を知ることで、日本人が行くべき道をさし示すことが可能になるだろうと考えた。

さらに、一神教の論理がこのまま「普遍的な正義」としてまかり通れば、それこそ人類滅亡のカウントダウンは早まるばかりだ。先進国の中で日本だけが多神教的だったことの奇跡を、どうか噛みしめていただきたい。

われわれは、あまりにも日本に関して無知だった。

日本はいま、歴史が始まって以来の最大の危機に瀕している。ユーラシア大陸の東の端の外側にあって、蓋をしているのが日本列島だ。ユーラシア大陸が海洋に目を向け始めたいま、日本列島と南西諸島は、戦略上重要な場所になってくる。東（米）と西（中）のどちらの巨大勢力も、日本がほしいのだ。多神教徒で構成される日本は、島国だったから生きながらえてきた。騎馬民族が海を渡ってきたとしても、兵站《へいたん》が切れるだろうし、湿地帯が多く平地が少ない地政学的特徴を生かして、十分戦うことができた。しかし、内燃機関が発達し航空機やミサイルが武器になったいま、安心はできない。一神教の論理で日本人を悪人に仕立て上げれば、赤児の手をひねるように、日本は乗っ取られるだろう。いまこそ目覚めよ、日本人。

❖――おわりに

邪馬台国やヤマト建国といった日本史の根幹がこれまでほとんど明確にされなかったが、これにははっきりとした理由があったのだ。それは、八世紀に編纂された正史『日本書紀』が、多くの真相を闇に葬ってしまったからにほかならない。

逆にいえば、その『日本書紀』の仕組んだカラクリの構造を見極めれば、ヤマト建国とその後の歴史は、具体的に語ることが可能となるはずだったのである。

それができなかったのは、「神話は絵空事」、「六世紀以前の『日本書紀』の記述は信用できない」という二つの「動かしがたい常識」が戦後の史学界を支配し、思考の邪魔をしていたからにほかならない。

だが、ようやくわれわれはこの呪縛を解かれ、『日本書紀』の裏側を見られるようになってきたのである。

その点、『日本書紀』という文書は、千数百年の間、見事に人びとを騙し続けてきたわけである。

「天武天皇が歴史書の編纂を命じたから、『日本書紀』は天武天皇のために書かれた」という藤原不比等の仕掛けた巧妙な「目くらまし」を鵜呑《うの》みにし、一杯喰わされていたわけである。

『日本書紀』のマジックはそれだけではない。

六世紀の旧態依然としたヤマト朝廷の政治システムを刷新しようと改革に乗り出した「蘇我」を、藤原不比等の父・中臣鎌足は暗殺という手段で潰し、しかも「藤原」は手柄を横取りすると、「蘇我」を古代史最大の「悪」に仕立て上げることに成功してしまったのである。

それもこれも、藤原不比等が中心となって編纂された『日本書紀』の「功績」である。

われわれには、歴史を検証する責務がありながら、これまで古代史の「欺瞞《ぎまん》」に気づかないでいたのだ。朝廷が記した正史であるから、不真面目で虚偽の記述などあろうはずがない、という硬直した考えをもったがゆえに、『日本書紀』によって抹殺され、封印されてしまった無念の思いのいくつかに、まったく気づかずにいたのである。

なお、本書の刊行にあたっては、オフィスON代表の荻野守氏、㈱アイブックコミュニケーションズ代表取締役の的場康樹氏、歴史作家の梅澤恵美子氏にお世話になりました。あらためてお礼申し上げます。

合掌